15
52

Paris Dansant

PARIS DANSANT

Édition unique à 200 exemplaires

EXEMPLAIRE

IMPRIMÉ POUR

LE DÉPOT LÉGAL

Le texte a été imprimé par Chamerot et Renouard
Les gravures par Geny-Gros

GEORGES MONTORGUEIL

PARIS DANSANT

ILLUSTRATIONS

DE

A. WILLETTE

GRAVÉES EN TAILLE-DOUCE ET EN COULEURS

PAR

VIGNA-VIGNERON

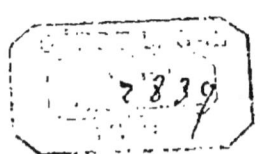

PARIS

THÉOPHILE BELIN, LIBRAIRE

29, QUAI VOLTAIRE, 29

1898

C'est restreindre nettement son champ d'expérience que lever les yeux sur un almanach, y lire la date, et s'entraîner à résoudre ce problème, d'apparence frivole : « Aujourd'hui, Paris danse-t-il ? »

Dans un siècle ou plus, quelque arrière-neveu, surprenant cette interrogation d'un homme vivant en 1898, pensera : « Celui-là avait la partie belle de s'en instruire, qui pouvait jeter les regards autour de lui, et prononcer en toute certitude. » Tenez, futur présomptueux, qu'il n'y a rien de certain. Les regards que le vivant de 1898 jetait autour de lui étaient les siens, les impressions qu'il recueillait par eux étaient les siennes. D'autres poursuivaient les mêmes recherches, et, brûlés du même désir d'être véridiques, n'aboutissaient peut-être pas à d'identiques vues.

Quelle pitié que nos jugements d'historiens et nos opinions de philosophes ! Combien l'artiste, par la puissance de son outil, nous est, en temps que peintre de la vie, supérieur ! Il n'a pas à analyser, à comparer, à rapprocher, à objecter, à déduire, à conclure. Il voit une scène et naïvement la traduit, s'il est quiconque. S'il est Willette, avec la grâce d'un esprit aiguisé, finement parisien et singulièrement subtil, il l'interprète, mais dans la rapidité d'une vision. En les limites de la marge assignée, il synthétise, par le choix des êtres et l'atmosphère où ils se meuvent, une page d'humanité. Et il est vrai jusque dans l'idéalisme, et il est documentaire jusque dans le symbole.

« Paris danse-t-il en 1898 ? » Willette répond à sa façon, qui est la meilleure, avec les preuves éloquentes d'un art personnel. L'étudiant moderne et l'envahissant « rasta », par son crayon, « chahutent » à Bullier. Grille-d'Égout et ses sœurs, au Jardin de Paris, agitent, dans les dentelles prodiguées des jupons, leurs minces chevilles frénétiques. Le Moulin-Rouge fait virevolter de jolies personnes dont les jarretières sans secret ont pour devise : Ami soit qui bien y pense ; la musette se cogne ; les noces s'émancipent ; messieurs les militaires valsent éperdument. Et les bébés, au mardi gras, singes de nos ridicules, sous les costumes qui les travestissent, apportent à la polka une conviction qu'ils ne garderont point.

Sur ce dernier mot s'ouvre la controverse. L'image n'en soulevait pas : son interprétation littéraire nous y ramène. Sommes-nous convaincus des charmes de la polka, de la valse, du quadrille et autres danses ? Nos pères ne l'étaient-ils pas davantage? Dansons-nous autant? Dansons-nous mieux? Dansons-nous pis? Et même, en ce Paris dansant, est-ce que danse encore Paris?

Il se rencontre des observateurs pour dire que la danse est morte. Alors ce que Willette a vu? Ces admirables lucarnes ouvertes sur la folie des jambes? Ces globes allumés? Ces fêtes « battant leur plein »? Ces femmes parées et le buste nu? Ces Frétillons dont les pieds frétillent? Ces déhanchements, ces trémoussements, ces tournoiements, ces abandons dans l'ivresse des vertiges? Goutte-de-Lait aux Quatr'-z'Arts et Mimi au Moulin?

Et les obstinés chagrins de répéter en dépit de tout : « La danse est morte ». Elle est, corrigent-ils, pour le moins moribonde, incivile et sans art. Le peuple, qui en a perdu le goût, en a oublié l'esprit. Les beaux fils de race ne conduisent plus que de mornes cotillons. Jusque sur la scène où s'illustrèrent la Taglioni et la Camargo, la danse lyrique est tombée du rang qu'elle occupa...

De moins sévères ripostent — qui ne se tiennent pas pour plus mal avertis — que cette défunte, en somme, se porte assez bien; qu'elle a évolué sans déchoir; que les quadrilles naturalistes ne sont pas plus dévergondés que le cancan; que la grisette fuit les bals publics, marchés d'amour vénal, mais danse, espiègle, ravie, en la rue, quand l'allégresse officielle lui en donne licence. Le bagage des jeunes danseurs est léger, leur savoir court; pour d'autres écarts, ils s'abstiennent du grand. Pourtant qu'une invention guillerette retouche la monotonie des figures chorégraphiques, qu'un *peu de poivre américain relève la fadeur des entrechats d'une vogue épuisée, et les muscles de ces boudeurs retrouvent la souplesse gaie des jarrets qui dansaient, au siècle dernier, inlassables, la gavotte ou le passe-pied. « On ne danse plus, contempteurs moroses! s'écrient-ils. Et les salons, tout l'hiver, s'étoilent aux sons des orchestres! Les lustres s'allument, du palais des danses aux bastringues de banlieue! La Goulue est reine entre les reines authentiques, à l'éventaire des papetiers. Valentin-le-Désossé dispute sa gloire à Pritchard. Et de ses jambes écourtées, la Môme-Fromage, dans une constellation qui n'est pas celle de la Vierge, va, du talon de sa bottine, décrocher l'étoile de Rigolboche. »*

Ainsi s'expriment, en la sincérité de leur état d'âme, les uns et les autres. Ils parlent des mêmes choses, d'une même chose : ils en parlent différemment. Et ce sont des témoins. Auxquels entendre? Leur désaccord est flagrant. C'est pour nous humilier sur la fragilité des jugements humains, et nous inviter à y puiser cette leçon : qu'on n'en saurait porter d'absolus. La vérité flotte, incertaine, sur nos débats, sans harmonie. Paris danse... Paris ne danse pas...

Paix donc! Paris danse! Il danse encore. Il a toujours dansé. Il y a apparence qu'il dansera toujours. Plus ici et moins là, voilà tout. Plus un temps et moins l'autre. La sagesse conduirait à dire tout uniment, en ces voyages à travers Paris et ses mœurs, ce qu'on y rencontre, sans y joindre trop de gloses et sans trop vite conclure.

Dans ces pages, on y a tâché.

Assez? Peut-être non. A les relire, un scrupule nous in-

quiète, qui nous vient de la contradiction des voix et du partage des avis. Le badaud et le philosophe se promenaient de compagnie. Le badaud ne s'est guère abusé sans doute, mais le philosophe n'a-t-il pas prononcé sur les habitudes abolies et les usages régnants avec une audace un peu tranchante?

Heureux Willette, dont l'outil sans trahison n'a point de ces troubles! Lui, du moins, montrera à la postérité la plus lointaine — si les vers épris d'art savent respecter le vélin — notre Paris dansant tel qu'il l'a vu danser!

Comme si tout le XVIIIe siècle à cette ébauche des mœurs du XIXe devait prêter ses palettes : des petits-neveux de Janinet apportèrent leur talent au libre petit-fils de Fragonard et de Watteau. Pour interpréter ses aquarelles, il eut, en Vigna-Vigneron, — et ce n'est pas la moindre originalité de cet ouvrage, — des artistes qui avaient retrouvé le faire personnel et délicat des magistrales estampes de l'autre siècle. Il l'obtint par leur manière de graver ces compositions en couleurs, uniformes entre elles, sans retouches au pinceau, sans maquillage postérieur; venues au jour dans la belle sincérité d'un tirage.

L'illustration décidée — l'œuvre capitale donc une fois faite — comment, autour, traiter le sujet? La matière était ample : quelle méthode suivre? Les monographies successives des bals existants n'eussent été, dès les premiers feuillets, que monotonie. Revenir à la formule surannée des petites physiologies les unes et les autres se répétant? S'essayer dans une érudition, dont l'anecdote sans contrôle s'emprunte aux devanciers? Tomber dans le pédantisme du vieux neuf en chiffonnant chez quelque Delvau?

Le mieux, n'était-ce pas encore de s'inspirer de son temps, puisque aussi bien cette étude en devait porter la marque? Alors que la vie parisienne est soumise au constant examen de l'interview et que l'actualité se confesse tout haut dans le giron des reporters, jusqu'en l'œuvre fantaisiste et légère, une observation documentaire ne s'imposait-elle pas? Ces chapitres, sans viser à l'érudition ni à l'histoire, sont, du moins, puisés aux sources; ils sont « parlés » par les intéressés, documentés par les témoins. Le préfet de police, gardien sévère des mœurs, a donné son avis comme Mlle Grille-d'Égout, introductrice du nouveau cancan. L'opinion du « Désossé » a été recueillie comme celle du maître de ballet. Les étoiles de danse ont été consultées comme les patrons de musettes. L'observation s'est acharnée à deviner jusqu'à l'impression éprouvée, au bal de l'Élysée, par le chef de l'État, qui fait danser, et le municipal, au bal public, qui surveille la danse — personnages par fonction silencieux et discrets. De la mosaïque de ces impressions se déduit la méthode à suivre pour l'enchaînement de ces pages : elle se fonde sur quatre divisions essentielles qui pourraient être dites : les causes vitales de la danse et ses chances d'éternité.

La danse est à la fois, dans la société officielle et le monde, une politesse. Elle est un plaisir dans la rue, à la musette, aux noces, en carnaval, chez les artistes et les étudiants, et aux fêtes où la charité lui fait la route. Elle est

— VII —

un moyen *au bal public, quelquefois un état. En art, elle est un* but.

Art, moyen, plaisir, politesse ou but, pour l'une ou l'autre de ces raisons, envisagées tour à tour, avec Willette, traducteur impeccable, regardons, en 1898, danser Paris...

« ON DANSERA »

Sous l'invisible archet du temps, les feuilles d'automne, fidèles au rythme mélancolique des rafales, dans la pourpre des couchants, lentes et légères, valsent : farandoles tournoyantes que les fifres aigus de la brise précipitent ; ronde qui fait sur le sable des allées, désolées des splendeurs qui s'en sont allées, un bruit de jupes. Folie ou vertige, des branches mordues des premiers froids, elles tombent, parées d'ors et de rubis ; leur toilette de bal. Et c'est autour des fûts de nos marronniers, sur nos boulevards animés du renouveau de la saison, des chutes balancées, des glissements dans l'air, des chuchotements sur l'asphalte : On danse.

Comme nés de ce même frisson automnal, aux feuilles mortes confondues, des rectangles de bristol s'éparpillent qui entrent un peu partout dans les maisons où le retour des villégiatures a secoué les housses et désemprisonné de leur chemise les lustres dont le cristal dormait. Pimpants, satinés, pomponnés, ces billets qui portent leur livrée en anagramme ou en armoirie, avant-coureurs du plaisir, annoncent la reprise des hostilités mondaines. Ils invitent aux soirées, redoutes, raouts, dîners d'apparat. *M. et M*^{me}... *vous prient de leur faire l'honneur*... Une petite ligne au-dessus du *Réponse, S. V. P.* fait connaître qu'il serait séant de venir très en bijoux et très en beauté : *On dansera!*

Simple formule oubliée par le graveur, dont le burin retarde. Les feuilles d'automne ouvrent le bal parisien, mais seules demeurent attachées aux mièvres suavités de la valse. « On dansera » signifie qu'il y aura un simulacre de danse, la vague esquisse d'un tournoiement; quelques couples roides et compassés qui se feront des coudes dans la mêlée; des dames et des messieurs qui iront et viendront sur un plan exigu, et, sans rire ni sourire, se donneront de brefs petits saluts ennuyés, très secs. « On dansera », menteuse promesse : dans le monde, on ne danse plus.

La danse dans la société aristocratique ou la bourgeoisie cossue est quelque chose comme une politesse. C'est une manière d'accueil et de rencontre : considérez que ce fut une science. Danser, c'était... danser. C'était soumettre son corps à des lois, ses pas à des règles; c'était exprimer, dans une pantomime que la musique dessinait, des idées et des sentiments. Lorsque Marcel s'écriait, se frappant le front : « Que de choses dans un menuet »! soumis à la discipline d'un art qu'un code de haute galanterie perpétuait, les danseurs n'étaient point des marionnettes indolentes, mais les conscients acteurs d'une comédie respectueuse, tendre et courtoise; ils étaient les officiants d'un rite. A voir, toute musique étouffée par l'éloignement, nos contemporains danser, ils apparaissent falots et bouffons, et ce leur est une circonstance atténuante s'ils ne sont qu'indécents dans la volupté. S'imaginer, vus de même, jadis, le menuet de nos aïeux ou la pavane! Quelle impression de noblesse et de charme! Tout est politesse et bienséance en ces mains levées qui se nouent, s'enchaînent et se dénouent; en ces doigts qui s'effleurent, en ces tailles qui se cambrent, en ces torses qui ondulent. Et ces nuques si aisées, si souples et si fières! Et les grands airs de ces saluts profonds! Et ces révérences qui plongent!

Mais les pieds ne quittent point le sol; ils y glissent en mesure; le jarret se tend, et la jambe assouplie n'est que la tige d'un buste qui fleurit en multiples inflexions. L'éclat des yeux y participe : ils savent parler. Et la bouche a l'éloquence du sourire. Danser ainsi, c'est s'exprimer dans une langue du geste, et tout bal est, à proprement dire, un ballet. Le malheur nous vint de regarder à nos pieds, de leur demander une expression, de ne point laisser à ce qui est vraiment noble en l'homme le privilège de traduire ses ivresses et ses extases. On dansait, l'on sauta, et l'on crut encore danser. Voie fâcheuse : elle aboutissait par le baladinage aux sautillements de la polka et aux clowneries du quadrille. La danse, glissant de la tête aux pieds, et pour cela plus justement nommée « basse », que la danse posée et calme, eût été la bien nommée : elle s'abaissait.

Jusqu'en cet abaissement pourtant elle gardait la volonté de traduire une pensée, d'être une apparence de dialogue sans parole : quelque chose de plus qu'une sauterie. Même après la Révolution, dont le *Ça ira* avait bouleversé d'autres manières que celles des maîtres à danser, on se faisait un point d'honneur de se tenir au courant des Trénitz et des Poules. La contredanse, apprise de nos villageois, restait d'une vivacité pleine d'esprit. La chorégraphie des salons, prime-sautière et frondeuse, interprétait l'actualité. Chassés, jetés et ballonnés prétendaient par là continuer cette tradition qui dansait sous le nom de *Montgolfière* la découverte des ballons, la *Nouvelle Héloïse*, sous le nom de *Julie*, et qui consacrait le succès d'une étoile dans un pas de caractère dit la *Dugazon*. Cette préoccupation entrait encore — un peu avant les fureurs de la polka — dans le dessein des danseurs. Il n'était jusqu'au saint-simonisme qui n'inspirât une logique figure de quadrille, la *Chaîne*, dont les sexes confondus, selon la morale d'Enfantin, étaient les chaînons.

Mœurs à peine loin d'un demi-siècle et qui semblent des vieilleries fripées. Entrechats à présent décriés et dont la mode n'allait point sans quelque ridicule : du moins accusaient-ils le désir d'atteindre à une signification. La plus terne s'en est perdue. Le quadrille, en sa forme présente, est comme l'armature d'un feu d'artifice, les pièces tirées : charpente ou squelette d'une féerique image. Il encombre, il se sent poussé vers un définitif oubli. Par un privilège immérité, il ouvrait les bals de cour, même au pays de Gretchen. Sa déchéance a été proclamée ce dernier hiver; le souverain ouvrit le bal par la valse, cette indétrônée, qui reste la plus voluptueuse conception des couples que le vertige enlace.

La valse a ses dévots depuis quatre cents ans en France : quelle hérésie la fait dater d'Allemagne? C'est qu'elle nous en revint, originaire de nos pays, exilée chez Gretchen qui l'adopta, et, sentimentale et rêveuse, la dansa à merveille. Nous ne la reconnûmes point au début de ce siècle, et la crûmes d'outre-Rhin. Musset, qu'elle enivrait, la chanta, comme fille des bords de la Sprée, faisant honte à nos amoureuses d'en si mal saisir le charme qui n'échappait point à des bouviers allemands. C'était notre vieille danse à trois temps, la valse de Provence, que les jolies dames de la cour des Valois avaient dansée.

Déjà si voluptueuse, elle avait inquiété les censeurs. Tabourot la dénonçait comme propre à éveiller la troupe des désirs : « Je vous laisse à considérer si c'est chose bienséante à une jeune fille, et si en ceste volte l'honneur et la santé n'y sont pas hasardés et intéressés. » Qu'eût-il dit du quadrille américain, si la galanterie des Valois eût permis de telles façons !

Mieux que Tabourot, et sans autant de sévérité, Sully Prudhomme a parlé de cette danse, « molle, qui cache en elle un languissant aveu d'amour ». L'ardente impression qu'il en rapporta témoigne que ses danseuses n'étaient point des jeunes filles. La valse est la pierre de touche de la virginité. La vierge ne valse point. Elle est emportée dans le tourbillon, elle suit les mouvements qu'un cavalier imprime à ses pas, mais raide et comme inanimée. Elle n'a la souplesse consentante qui enlace que lorsque l'amour lui a livré le mystère des enlacements. Une valseuse est femme ; elle a aimé, elle a compris, elle a vibré à l'unisson d'autres extases ; elle sait. Le professeur, qui enseigne l'ondulation du torse, la cambrure des reins, la mollesse des abandons, l'ivresse éperdue du vertige, « la douce et fuyante promesse d'un baiser qui ne vient jamais » : c'est la volupté. Et les vierges de lui n'ont point pris de leçon. Tabourot était bien naïf qui croyait avoir troublé de nices fillettes : c'étaient de sournoises amoureuses qui savaient ce que passion voulait dire, et n'avaient plus rien à apprendre ni de la valse, ni de l'amour.

Nos jeunes filles sont-elles donc si ignorantes qu'il date autant le cri de Hugo : « Elle aimait trop le bal, et c'est ce qui l'a tuée... » Si elle va au bal, ce n'est point le bal qui la tue. Elle n'y danse pas. Le projet, au demeurant, serait téméraire. Danser? Et la place? Le luxe d'un bal brillant dans le monde ne supporte ni restriction ni lésine. Il exige un ample service de laquais, un buffet abondant et large, qui ne dispensera point du souper assis, des orchestres excellents, qui auront moins la mission de marquer la cadence des pas, que de couvrir de leurs sonorités le piquant des causeries et les propos exaspérés des flirts. Il impose des accessoires de cotillons, frivolités dispendieuses, décernés sans originalité ni finesse par des jeunes gens pour une nuit convertis en chefs de rayons. Les appartements quinze jours d'avance sont bouleversés. On a vécu chez soi, toutes ses aises trahies, durant que les tapissiers démontaient des portes, abaissaient des cloisons en prévision de l'affluence ; car tant de frais et d'embarras conduisent à souhaiter un résultat qui s'apprécie. Amuser n'est pas l'indispensable : il n'importe que d'étonner et d'éblouir. On ambitionne d'étaler ses plus brillantes relations et les relations de ses relations, les personnalités qu'il faut décider, pour ce qu'elles donneront un aristocratique vernis à l'écho que publieront les gazettes mondaines. Les invités sont venus et partis : sont-ils entrés? Il n'est pas indispensable qu'on entre, c'est le nouvel avis des maîtres de maison. Une grande fête où l'on ne s'étouffe pas aux portes, quel arbitre du chic la tiendrait pour réussie? Socrate voulait sa maison petite et pleine de vrais amis; la sagesse parisienne la veut immense et que les indifférents et les envieux en débordent. On n'a assez de monde que si l'on en a trop; il est bienséant de s'excuser sur l'escalier, près des retardataires, que les flots des premiers occupants repoussent. Une réception est éblouissante si elle est une cohue. Point de présentation dès lors. Une foule à elle-même étrangère déambule dans les éblouissements d'un décor de féerie. Et le bal? Quelques essais dans une poussée à peine élastique. Des valses qui se culbutent, des quadrilles qui s'étranglent. Une manière d'occuper le temps en l'attente d'un cotillon dont les jeunes filles n'ont pas combiné les accessoires, et d'un souper qui fut peut-être le plus puissant des attraits de la soirée.

Si danser c'est savoir danser, qui y pourrait prétendre? Le fameux Bocan, goutteux, cagneux et lourd, qui n'acceptait d'élèves qui ne lui plussent et souffrissent qu'il les caressât, serait de nos jours fort mal achalandé. Le personnage du professeur de danse, aussi curieux qu'autrefois, infiniment moins important, a banni toute fatuité, et c'est lui qui, la leçon finie, fait à la société sa révérence. La jeunesse masculine n'apprend de lui que l'essentiel et comme à regret : « N'est-ce pas, faites vite ». On consent à s'exercer pour vaincre la roideur du corps, sa gaucherie, et remédier par cette pratique aux attitudes vicieuses. Davantage serait s'embarrasser d'un inutile bagage. Qui l'apprécierait? Les toutes jeunes filles? Elles ne sont que les invitées du bal blanc. Les grandes jeunes filles s'abandonnent sans entraînement ni goût, indifférentes et froides, au bras de qui les sollicite. Leurs aïeules s'y jetaient éperdues. Comment s'éloignent-elles d'un plaisir qui fut réputé entre les plus enivrants? Elles s'en prennent à leurs cavaliers, ni empressés, disent-elles, ni galants, mal instruits de ce qui flatte; par la pratique des sports et le jeu de la petite fête, détournés de la femme de leur classe; affectant par snobisme une profonde lassitude de toutes choses, et promenant, du haut de leurs faux cols romantiques balayés de cheveux longs et plats, un regard d'infinie commisération sur une humanité qui s'essaie encore aux divertissements.

La danse, même réduite aux figures indigentes des traditionnelles polkas et des valses tournoyées, appelle la collaboration de l'esprit. « Mais, une danse, dit le vif et original maître ès sauteries Desrat, a ses élèves, cela se parle! — Ah! vraiment, lui répondent-ils, enseignez-vous ce qu'il faut dire? » Et le vieux praticien, qui étouffe un juron dans sa barbiche de soldat, riposte, impertinent comme le *diou* Vestris : « Mon gentilhomme, votre grand-père ne me l'eût point demandé. » Le quadrille se meurt, la valse languit de ces silences que la musique ne suffit pas à combler. A ces mouvements, il est indispensable de joindre un aimable langage, de l'invention et du trait. La jeunesse, pas plus qu'autrefois, n'est sotte; mais la danse n'apporte plus à son esprit, lourdement ennuyé, le stimulant de sa passagère et victorieuse ivresse. Le cavalier n'est jamais plus banal qu'en ces sauteries sans art ni étude, à contre-sens, à peine élégantes de ton, et dont il ne reste, le charme évanoui, que la fatigue et le ridicule. La causerie assise, qui lorgne et médite, lui est préférée, et aussi le flirt qui chatouille et grise.

La déchéance du bal, de plaisir devenu contrainte, a inquiété la société mondaine et l'a trouvée désemparée. Il n'y avait point que les anciennes, que celles qui avaient dansé au temps jadis pour en gronder. C'était, disaient les jeunes femmes, se détourner d'une source en voluptés féconde. Et chacune de le déplorer. L'ingéniosité de quelques grandes dames en réapprit le chemin.

Elles suivaient les devoirs que les maîtres en cet exercice donnaient à leurs fillettes. Ces mignonnes créatures, entre temps, tapotaient d'anciennes danses classiques et les mimaient. C'était charmant, ces vieilleries distinguées, lentes, mesurées. Les mères s'y essayèrent, et, les mimant, à leur tour, s'aperçurent qu'elles faisaient plus jolies les jolies, et jolies les autres.

Les duchesses de La Rochefoucauld-Doudeauville et la princesse de Léon, dès 1883, s'avisaient que les nouvelles modes ne sont, en somme, que d'anciennes modes qui reviennent. Si, au trop connu, au galvaudé des danses d'habitude, elles substituaient quelques-unes de ces danses d'autrefois, capricieuses arabesques brodées sur le canevas d'une pavane ou d'un menuet! On courut au maître de danse. En la poussière de sa bibliothèque, il déterra les traités sur la matière. Descendantes de ces aïeules en vertugadins et en robes à panier qui leur souriaient dans leurs cadres, ses dociles élèves retrouvèrent, sans peu d'efforts, les grâces surannées qui, en leur mémoire, n'étaient qu'assoupies.

Quand le menuet, rue de Varennes, fit son entrée dans le monde, que de compliments saluèrent celles qui avaient réveillé la Belle-au-Bois-Dormant du palais des danses! Serait-ce fini du bal-cohue? Car de tels ébats condamnaient l'importunité des contacts immédiats; cette noblesse d'attitudes réprouvait la brutalité des heurts. Étudiée et exacte, elle était une danse et un spectacle. Ce fut son succès. Il n'était pas indifférent à une jeune femme parée à son avantage d'imposer aux hommages flatteurs d'une assistance émerveillée sa beauté, son charme et ses ajustements. Et ce ne fut dès lors que menuets : chez la duchesse d'Uzès, où la blonde Mlle de Fougères en dansa avec le pauvre enfant qui devait mourir si loin en héros, et la brune Mlle de Maillé avec M. de Crussol; chez la comtesse d'Antioche, chez la comtesse de Caraman, chez la princesse Dolgorouki, chez la princesse de Léon et au château d'Anet, où s'improvisèrent les menuets de quatre couples, en costumes chatoyants. Gavotte et volte étaient dansées dans une fête que l'Hospitalité de nuit donnait dans le décor sincère du palais de Fontainebleau.

Le menuet, avec ses menus pas, rappelle à qui l'a perdu

le sens délicat et spirituel de la danse. Il oblige à un tel retour vers les façons imagées et polies que ce fut, avec lui, comme une résurrection du vieux temps. Les grands hôtels du noble faubourg, en leurs jardins merveilleux, trouvaient un cadre à souhait approprié à ces métamorphoses. Ces fêtes renouvelées du grand siècle ou de la Régence, imposaient la poudre et la soie. Ce n'étaient que cavaliers amarante, ou vert d'eau, ou zinzolin, et danseuses de pavanes que Clouet eût pu peindre ou Mignard, que Watteau eût tenues pour échappées de quelque embarquement de Cythère. Aux feux des lustres et aux jaseries des archets, un monde ébloui, dans ces splendeurs, renaissait du souvenir, s'évoquait, gracieux, frivole et pimpant. Et voyez le miracle : lui, si ennuyé la veille, heureux de son plaisir et le laissant paraître ! Ce fut la traînée de poudre — de poudre à la maréchale. Tous les parcs se décorèrent en Fontainebleau, tous les jardins en Trianon. Et la fée des enchantements, selon les profils, faisait surgir, ici Diane de Poitiers pour la pavane, et là, pour le menuet, Fontange ou la Parabère.

Comment s'ingénier à mieux? On s'étonnait que la princesse de Sagan après avoir ressuscité Versailles en 1881, et trois ans plus tard Trianon, se multipliât en trouvailles laborieuses, et quand le passé offrait des thèmes si heureux, qu'elle s'inspirât du pittoresque de Buffon pour lancer le « bal des Bêtes ». Des hommes qui avaient un nom dans l'histoire de France s'associèrent à ce caprice, et trouvèrent piquant de se choisir un costume dans l'histoire naturelle. A Cuvier, d'Hozier passa la main. La maîtresse de la maison, c'était Junon, parée des plumes de l'oiseau qui lui est fidèle, et merveilleuse ainsi, sa tête coiffée de l'aigrette, auréolée de l'arc-en-ciel d'une queue de paon déployée. Mais autour d'elle, la joyeuse cour — un peu basse-cour! Ce canard, c'est le comte de Béthune; ce merle, c'est le duc de Gramont. Il a fallu deux Gontaut-Biron pour faire une girafe. Place à la meute que conduit M. de Montsaulnin. Une sauterelle : la baronne de Noirmont; une poulette : la comtesse de Blacas. Et cette langouste? c'est la vicomtesse Guy de Leusse. N'éprouve-t-il point de gêne, ce gallinacé dont le plumage cache l'un des plus illustres généraux de ce temps? Il a coutume de se prêter au travestissement : coq gaulois aux bals de l'Empire; Mirliton, dans les *Commentaires de César*: petit pâtissier à la langue acerbe au bal célèbre de Mme de Montgomery : il redevient coq pour Mme de Sagan, troquant, contre une crête rouge, la plume blanche du commandement.

Un chroniqueur mondain parisien assiste à cette fête. Son crayon y recueille ces notes hâtives que le moniteur des aristocratiques élégances publiera : « On s'est interpellé toute la nuit de la façon la plus pittoresque : — Hé, la perruche! — T'es rien chouette! — Bé! bé! — Hou! hou! — Couin! couin! » Un assistant se sent envahi d'une invincible tristesse : « Celui que la Dubarry appelait « la France », murmure-t-il, disait : « Après moi le déluge »! Le déluge serait-il venu que voici l'arche de Noé? »

Cette outrance dans l'originalité récidiva par le bal des légumes : fleurs de noblesse passées fleurs des pois. Le carnaval, limité à ces essais, n'ébranlait point le règne renaissant. Les pavanes, les menuets, les gavottes nous ramenaient vers les couleurs égayées, nous donnaient l'horreur des noirs macabres; et, l'habit de cour ne pouvant réapparaître sans la cour, imposait du moins la culotte et l'habit aux teintes claires.

Les fermiers généraux de la démocratie, en leurs hôtels tout neufs, s'essayèrent à ces puérilités exquises. Ils y furent d'abord un peu compassés et gauches. Le rôle comportait, à leur insu, une grâce innée, l'atavisme des belles façons, une manière de hauteur et à la fois d'aisance qui ne vient pas toujours du maître à danser. La prévention aussi allait contre ces visées ambitieuses. On prête volontiers aux grandes dames, sur la foi de leurs titres, une distinction qui apparaîtrait moins évidente si l'on n'était si prévenu. Et l'inverse est vrai : des créatures viennent d'en bas, qui s'improvisent reines d'en haut, et font magnifiquement illusion, à quelques détails près, en lesquels le point de départ se signe — oh! à peine! L'aristocratie, moins qu'autrefois fermée, l'échange des blasons contre des héritières ayant entr'ouvert toutes les portes, alla à ces bals où elle était priée. Elle y étouffa une irrespectueuse envie de sourire. Ces pavanes de banquiers! Ces menuets de parvenus! Mais, tout de même, elle fut dépitée, et décréta que ces joliesses tombées dans le domaine public, embourgeoisées, seraient bannies des programmes mondains. En quelques maisons, on les confia à des professionnels de l'Opéra, déjà las de danser soi-même. Et l'on revint à ce qui était outrageusement galvaudé, à la valse sans passion, au quadrille sans caractère.

Un nouveau monde naissait à la notoriété parisienne qui, sans aïeux ni passé, n'espérait qu'en la hardiesse de ses conceptions, qui était de son temps, sinon sur son temps en avance, qui se pouvait permettre les abracadabrances fastueuses, libéré de la contrainte des préjugés, de la tyrannie des habitudes. Dans le brouhaha des affaires, la fièvre des entreprises, le vertige des millions, il jouissait éperdument, doué d'une vitalité intense, avide de toutes les modernes inventions et n'estimant ne devoir d'hommages qu'à la fortune et aux succès. En son luxe lourd et violent, il affectait la liberté de son plaisir, et y conviait ces mornes champions de la désespérance, qui baillaient, en les solennels asiles, d'où l'étiquette de leur rang bannissait le laisser-aller et le sans-façon.

Ce nouveau monde, c'était l'Amérique à Paris.

Cette société-là dansait, et s'en donnait, en dansant, à cœur joie ; vidant, eussent dit les anciens, la coupe des plaisirs, et sans cesse, pour la vider encore, la remplissant. La jeune fille française, jusqu'à un certain âge, est exclue des grands bals ; sa sœur d'Amérique en est, au contraire, le boute-en-train. Elle y brille, libre d'éducation et d'allures, suffisamment renseignée, et ne rougissant point de paraître renseignée plus encore ; la bride sur son cou largement nu, le geste émancipé, la franchise provocante et le regard prometteur. Jeunes et instruites à dépenser sans contrôle leur jeunesse, vertueuses d'une vertu qui se passe de l'écrin de la pudeur, spontanées et fantasques : ces troublantes créatures se jettent dans le plaisir, comme un nageur téméraire à l'eau, narguant le danger, sûres de le vaincre. Et elles dansent. Leurs dix-huit ans s'emparent des cavaliers les plus amers et les dérident. Elles secouent les apathies, réchauffent les tiédeurs, dégourdissent les naïvetés, et pour axiome, qui leur vient sans doute de leurs ancêtres des forêts vierges, disent que le bois mort donne du feu, mais à qui le sait frotter. Il leur faut de la joie pour carminer leurs joues et aviver leurs yeux : leur gaîté la quête. Elles semblent oublier leur sexe, au fond très persuadées que les hommes ne l'oublient point. Des enfants qu'elles affectent d'être restées, elles gardent les jeux innocents, qu'elles associent aux figures de la danse, et c'est pour singulièrement en relever la fadeur. Tailles hardiment livrées aux frôlements qui sont des caresses, aux étreintes ardentes en l'enclos d'ivoire des bras nus, la hanche souple et le rein puissant, elles s'abandonnent. L'orchestre fait rage et commande, écouté, aux entrelacs de chair, dans des figures de quadrille d'un emportement où, par grâce, l'esprit vient aux garçons — un esprit aussi vif que l'éclat de leurs yeux allumés au festin des demi-nudités des vierges de la Floride qui n'en ont ni confusion ni trouble.

Bals à deux fins, on y trouve le plaisir toujours, la dot quelquefois. La jeunesse dorée, et même dédorée, s'y rend, et émoustillée y retourne. Elle en chante les merveilles au faubourg peu entrant, qui cède à la curiosité, et s'aventure à passer les ponts pour connaître ces Californies qui sont des Édens. Les faces-à-main n'ont pas fait un long usage aux doigts des moqueuses douairières, que le clinquant, le faux éclat, le vernis, qu'un coup d'ongle écaillerait, sont devinés ; les promiscuités sont pesées à leur poids et souffertes en faveur de l'ignorance où sont ces étrangers de nos habitudes. Puis l'indulgence est permise, en considération de l'intérêt d'un spectacle étourdissant qui expose à la lumière cruelle des feux d'Edison quelques fruits suspects des jeux de l'amour et du hasard. « Ah ! que c'est drôle ! » Et ce cri est déjà comme une absolution. On est dans un autre monde, c'est autre chose. Une grande dame s'excusait de sa présence qui, en ces milieux, surprenait : « Pardon, disait-elle, je ne fais pas une visite : je fais un voyage. »

En ce voyage, on a emmené les grandes jeunes filles, lorsque des mariages surtout eurent jeté, de l'Arc-de-Triomphe à la rue de Verneuil, des ponts d'or dont l'or était californien. Les premières priées à ces bals, leur surprise y fut courte. Elles n'étaient en leurs jeux si retenues que d'apparence. Aux ardeurs de ces braises, en ces sauteries au picrate, elles redevinrent si naturellement rieuses et folles, si filles d'Ève curieuses des discours du serpent, que les mères se prirent de frayeur. Ce quadrille américain était un magicien dangereux. On le proscrivit, même adapté. On condamna à la porte un intrus qui croyait étendre ses privautés sur toute la société parisienne. Il n'entra donc point dans le faubourg, mais s'y infiltra. Il profita de l'ennui pour se faire agréer sous les espèces du *boston*.

Le boston, au vrai, n'était que notre ancienne valse à trois temps sautée, affranchie de la trajectoire en ellipse; c'était la valse américanisée, capricieuse et zigzagante, qui se trace un itinéraire de hanneton, conquérante de tout espace libre, à sa fantaisie, errante. Les couples se cherchent, s'approchent, se fuient, se quittent, se retrouvent : ils bostonnent. A la règle immuable, au tournoiement moutonnier, ils substituent l'exploration volontaire. « Allons là ! — Tenez, par ici. — Rejoignons ces rubans verts. — Menez-moi taquiner Raoul. — Agaçons Yolande ! » On bostonne par mutinerie, curiosité, flirt et pour ce qu'il vous plaira; on bostonne pour rien, pour bostonner. Un peu de ce qui restait à la danse de sa pureté classique a sombré dans l'invasion du boston, mais cette déchéance est la piqûre de morphine qui prolonge, en sa crise, la vie du neurasthénique.

Le bal dans le monde se meurt-il ? N'est-il que défaillant ? Louis XIV dansait, et pourtant, comme nous, Scarron a gémi, « sur la pauvre belle danse en quelque crédit autrefois, mais maintenant en décadence ». La contredanse, la valse, la polka n'en devaient pas moins, tour à tour, dans les siècles suivants, ranimer son flambeau presque éteint.

La danse disparaîtrait-elle à jamais sans qu'une noblesse qui se pique de savoir dans son maintien n'y laissât de son prestige ? Le haute société n'a-t-elle pas comme fonction essentielle de briller par un certain agrément répandu en ses gestes ; par la science de ses attitudes, par un art de se mouvoir, un talent d'être, tout en infinies nuances et qui découle de la culture des rythmes ? La danse l'instruit de ces façons. Puis, hors un peu de comédie et quelques charades, que faire des heures fériées, en les nuits prolongées, dans les jardins où les violons président aux enchantements, dans les salons où les ors se réveillent à l'appel des lustres ? Que faire si, aux jeunes bras, dont le satin embaumé est si doux, l'offre de se parfumer, le temps d'une valse, n'est plus permis ? Le luxe et la vanité, de surenchère en surenchère, ont pu conduire le bal du vrai monde à n'être plus qu'une fantaisie de prodigue rare, médiocrement gaie, imitée d'un nouveau monde dont les Christophe Colomb ont découvert Paris. Mais que survienne un décret de la mode, — duchesse, il dépend de vous ! — ramenant le plaisir à des ambitions plus simples, et la danse à la danse sera rendue.

Et le bristol cessera de mentir qui dit aux invités, par une antique et solennelle habitude : « On dansera ».

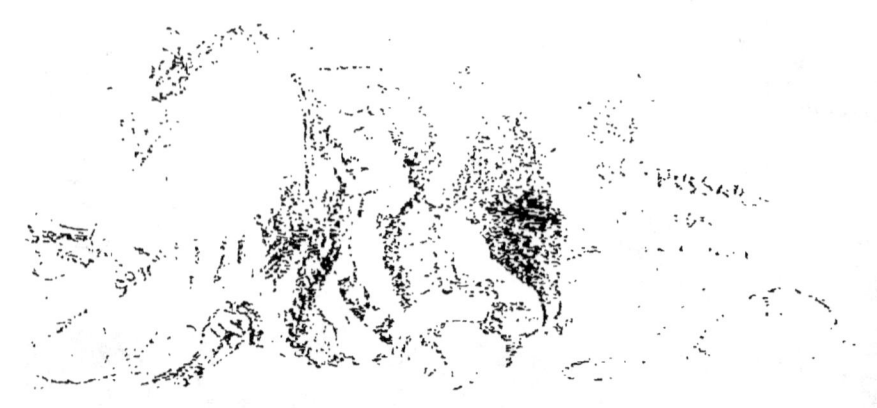

LE BAL OFFICIEL

La république qui a sa cour, ses fonction... donn...
... ses violons, elle ne dema..de ni la C....., ... ni
... Elle est athé...ienne ou y tâche. ... ...
... à ses talons un peu du rouge de son b.....i. Son bal e..
politesse qu'elle fait deux fois l'an à qui l'affec...
... au moins à qui la sert. Il a lieu au palais où elle a son
... l'Élysée.

...t un bal pareil à n'importe quel bal de ...ris...
ou de province. Des bals de sous-préfecture, il ... ...
... le nombre des i...., qui est considérable, et ...
... qu'on a seuls considérés. Né du même princip..., il abou..
... même résultat : la correction glaciale. Ce ... est ni une
... élégances, ni une fête de l'art ; c'est l... parade cér...
...onnelle des rouages administratifs. Ell. ...t immua...
... décor fixe. Les présidents changent qu'elle ne c...

LE BAL OFFICIEL

La République, qui a sa cour : les fonctionnaires, donne à danser. A ses violons, elle ne demande ni la *Carmagnole* ni le *Ça ira*. Elle est athénienne ou y tâche. Et pour cette nuit-là veut à ses talons un peu du rouge de son bonnet. Son bal est une politesse qu'elle fait deux fois l'an à qui l'affectionne, tout au moins à qui la sert. Il a lieu au palais où elle a son siège : l'Élysée.

C'est un bal pareil à n'importe quel bal de Paris — de Paris ou de province. Des bals de sous-préfecture, il ne diffère que par le nombre des invités, qui est considérable, et leurs titres, qu'on a seuls considérés. Né du même principe, il aboutit au même résultat : la correction glaciale. Ce n'est ni une fête des élégances, ni une fête de l'art : c'est la parade constitutionnelle des rouages administratifs. Elle est immuable dans un décor fixe. Les présidents changent qu'elle ne change point. A peine si changent les invités. En un salon toujours le même, une foule d'aspect toujours la même, passe et salue un chef d'État qui n'est que rarement sept ans le même.

Les convenances politiques dressent la liste des invités. Cela ne va point sans quelque désaccord. Le cadre n'était pas destiné à ce tableau. L'exquise Pompadour le cisela pour elle. Lorsque sa fantaisie s'en fut lassée, les financiers, entendus en retraites délicieuses se prêtant au mystère des aimables badinages, l'acquirent. Édifié pour un monde frivole que la tourmente dispersa, il fut depuis l'auberge des grandeurs nomades, le meublé des hôtes royaux, la salle d'attente du troisième empire. Trop vaste pour une résidence intime, trop étroit pour un palais, il était sans attribution définie, quand la République, prenant la succession des rois, — l'asile des rois incendié, — avoua se contenter, pour ses magistrats temporaires, de cette bonbonnière accoutumée à tous les provisoires.

L'homme élevé à la plus haute fonction de l'État, et dont la destinée, en dépit de la Constitution, est quelque peu liée aux caprices de Marianne, tenu à borner sa vie aux charges de son emploi, qui est de faire dignement une figure assez simple, est à l'aise en cette exiguité princière. Plus de faste et d'ampleur serait en contradiction avec son essence élective, et accuserait davantage le précaire établissement de sa fortune, l'illusoire action de son autorité en tutelle. Il a rang de fonctionnaire à son grade, et c'est assez, même pour son haut symbolisme, d'un palais où la Pompadour, maîtresse parvenue, se pouvait librement mouvoir, mais où Louis XV, roi de France, eût étouffé. La vie qu'il y mène, familiale et discrète, bornée aux réceptions prévues, où la mode, depuis bientôt trente ans, n'a plus coutume de venir chercher le ton, se déroule sévèrement démocratique en ces vestiges restés si frais des délicieuses Folies-Beaujon.

Par deux fois l'année, les charmes frêles de ce palais souffrent de l'intrusion tumultueuse des grands bals. Il n'y aurait réunion plus charmante si les invités pouvaient être élus — dans le sens choisis — et leur nombre poliment limité à la surface des tapis. Mais la foule, accueillie de droit et obligatoire, écarte toute tentative de sélection. C'est dommage. Une société triée, même sur le volet républicain, ferait agréablement valoir ces somptuosités galamment mièvres. En vue de ces fêtes, on a agrandi la résidence sans l'embellir. On danse dans un décor neuf. Une vaste serre se prête au siège du buffet. Les petits salons, les cabinets privés, fût-ce celui du président, à tous les étages sont envahis ; les couloirs de dégagement canalisent la foule, brisent ses flots. Ces grâces de l'autre siècle ne sont point faites pour cette cohue. Le désaccord est pénible entre la multitude accourue et l'hospitalité qu'elle reçoit. Personne plus que le chef de l'État ne le déplore ; c'est en vain. Le protocole lui fait une loi de convier tous les membres du corps diplomatique, tous les sénateurs, tous les députés, tous les conseillers de Paris et leurs femmes — autant que possible légitimes. Autrefois, ces personnages recevaient deux cartes, priés de retourner la seconde s'ils n'étaient liés en justes noces ; on se fiait à leur discrétion. Ils en abusèrent ; à leurs bras, d'aucuns introduisirent sous le toit présidentiel des personnes qui ne pouvaient prétendre à d'officiels égards. M. Grévy ordonna une enquête préalable sur la situation conjugale de ses invités. Il fut de cet acte d'austérité le premier à souffrir. C'était un homme de goût que ne laissait jamais indifférent la vue d'une jolie femme. Et sa philosophie lui avait enseigné que l'intrusion des compagnes fantaisistes, une fois suspendue, ses soirées gagneraient plus en vertu qu'en éclat. Les femmes entrées sans titre sont rarement de celles qui entrent sans beauté.

De novembre à février, quarante mille Français sollicitent, sans autres raisons que leur désir, l'honneur de sabler à la présidence un champagne dont l'abondance est limitée à la générosité de l'hôte. L'un d'eux pensait que dix-huit cents bouteilles désaltéreraient ses invités, lorsque M. de Mac-Mahon n'estimait pas les satisfaire à moins de quatre mille. Chaque président est le fruit d'une politique et d'une morale; il est dans le jeu de nos institutions de voir l'économie triompher où la prodigalité fit florès. Un dixième à peine des quémandeurs bénévoles reçoit le carton glacé, qui se distribue à huit mille personnes distinguées par l'État, alors qu'environ cinq mille l'utilisent. C'est exagéré encore pour l'étroitesse des salons, étuves jusqu'à deux heures du matin, en lesquels sue tout ce qui a grade ou fonction, tout ce qui compte en bon rang dans l'administration française ou les corps constitués. Le plaisir n'a pas plus décidé ces invités que l'admiration ne les a choisis. Priés sur leur situation, ils sont venus, soucieux de paraître par voie hiérarchique, d'entendre leur nom crié par un immense laquais à voix de stentor aux oreilles du chef de l'État qui passe ainsi, escorté d'un état-major immobile d'uniformes, d'habits et de jupes, la revue de la France qui émarge.

Qui entre, nommé, s'incline, et à distance le président s'incline à son tour; l'aigrette en diamant de la présidente fait un léger rigodon. L'écho du nom prononcé vibre encore que déjà l'on sent derrière soi le nouveau venu, dont le nom prononcé à son tour appelle le regard du président, déclanche son salut et provoque l'immuable distraction courtoise de l'aigrette. C'est l'affaire d'une seconde.

Pour cette seconde unique, pour ce bref hommage qu'ils

espèrent ne point devoir rester sans empreinte dans la mémoire du plus haut des dignitaires, des gens très dignes, froids et circonspects sont accourus. Le salut donné et rendu, ils se sont noyés dans la foule bigarrée, piétinante, culbutée, étouffée, où bientôt les jambes fléchissent, où l'échine souffre du cou tendu. La fatigue jalouse l'intrigue qui a disposé des sièges de Tantale, enlevés de haute lutte comme des emplois et gardés comme des sinécures. On voulait se montrer et être vu. On ne voit rien, on se montre à peine. C'est dans cette ruée le brutal « chacun pour soi » qui se fait des coudes, qui s'emprisonne dans les indifférences voisines, pour atteindre à mieux, tout à l'heure, plus tard. On s'éloigne de ses affections, pour suivre la filière. Des invités se croisent que la distance sépare, infranchissable. Le hasard fait retrouver des relations qu'il créa. « Ah! par exemple, c'est une chance. » Les congratulations n'ont pas eu le temps de fondre en serrements de mains et en laudatifs que les courants de la foule, en les brusquant, ont déjà séparé et éteint, dans une insensibilité réciproque, ces protestations chaleureuses soumises à l'imprévu despotique des fluctuations.

N'est-ce point en raccourci, dans un vivant symbole, l'image de toutes ces existences? Les situations mobiles, les changements de classe, les mutations, les montées et les descentes sur l'échelle des faveurs, la variété des visages dans l'instabilité des emplois; les connaissances plus subies que souhaitées, à la queue leu leu; les foyers où l'on aurait chaud, quittés pour les abris administratifs, insipides et neutres, où l'on grelotte d'ennui. Cette foule de fonctionnaires, en son tralala, dans ce tumulte, ne donne-t-elle point la peinture de sa propre vie? N'est-ce point ainsi, dans la réalité, sans cesse, jusqu'à la retraite, le piétinement dans la coulée qui s'impatiente; la volonté de parvenir qui se roidit? la poussée des uns par les autres? l'intrigue pour la place qui est devant, et la place qui est devant l'autre place, toujours en avançant, toujours? Objectif puissant de ces énergies bornées, qui détourne de ce qu'a d'agréable la vie indépendante en ses mouvements, spontanée en ses expansions, et libre en ses choix où se fixent l'esprit et le cœur.

... Desgranges fait danser. Dans l'air saturé de fadeurs liquoreuses, en la serre où le parfum des fleurs et des femmes s'allie à l'odeur persistante des babas au rhum, une musique flotte, lointaine, qui est une invitation à la valse. Elle est entendue. De jeunes officiers invités à cette fête et des attachés d'ambassade, chamarrés sur toutes les coutures, font vaillamment leur devoir. Ils savent l'action d'une contredanse sur la carrière; ils entraînent dans le tourbillon les filles d'officiers supérieurs et de hauts fonctionnaires : les demoiselles à marier des chefs de division, la progéniture des « madames » influentes, femmes de tête et d'autorité, à qui tout obéit, hors les chairs en révolte que le corsage martyrise et ne contient pas. Lorsqu'elles sont sans filles à caser, grasses et rougeaudes, ou parcheminées et maigres, sans élégance et pourtant sans ridicule, d'un maintien que la fonction éduqua, douées du sentiment des nuances, — un sentiment pourrait-on dire administratif et protocolaire, — elles se pavanent et gloussent. Les grâces du sourire, les expressions de l'accueil, la hauteur de la main tendue et sa spontanéité à se tendre se ressentent, chez elles, de la politesse calibrée des fins de circulaire.

Elles danseraient chez le sous-préfet : elles s'abstiennent à la Présidence. La place réservée aux ébats des quadrilles est laissée à la jeunesse qui est là ce qu'elle est partout, et plus que dans le monde entraînée au plaisir. Les budgets si courts des fonctionnaires restreignent les distractions; les jeunes filles, en ce milieu, n'ont d'occasion de s'amuser et de paraître qu'au bal. Elles y ont trouvé d'abord une attraction innocente, et bientôt ont deviné que leur champ de bataille était là, et qu'une contredanse déciderait de la victoire conjugale. Elles s'appliquent à plaire et ne boudent point le cavalier incliné qui sollicite d'inscrire son nom sur l'un de ces nombreux carnets ivorins dont leurs chambres, aux blancheurs ingénues, se pavoiseront comme de trophées. Plus encore qu'aux grands bals, elles apparaissent toutes conquises à la joie en ces garden-party de l'Élysée, délicieuses vraiment, où Saint-Cyr et Polytechnique mènent la farandole, avec une liberté qui ose, autour même du Président, sur la pelouse, dérouler ses gracieux anneaux... Aux fêtes du soir, l'étiquette condamnerait ces jeux, laquelle ne condamne point cependant les prouesses chorégraphiques. Telle Anglaise, jadis familière de ces bals, avait son cercle, durant qu'elle valsait, si vertigineuse, qu'à chaque valse elle épuisait jusqu'a trois cavaliers.

... Au milieu de ses invités, vers une heure du matin, le Président, ayant au bras la femme d'un ministre ou d'un ambassadeur, passe, salué et saluant. Son entourage lui fait cortège. Les couples officiels, l'un derrière l'autre, s'acheminent, comme au Bois une noce que les fumées du vin n'ont pas encore excitée à l'allégresse. Sur son passage, une haie se pousse, dont un mouvement de respect uniforme balance les têtes. Le Président entre dans les salons réservés à la diplomatie. Il s'entretient avec la Russie, s'accoude à la cheminée en devisant avec l'Allemagne, s'incline devant l'Italie en la personne de l'ambassadrice qui, aux rubans de la mode, associe les couleurs des chancelleries. Derrière les glaces sans tain, dans la galerie où le « Don Quichotte » des Gobelins, diplomate sincère et malavisé, se bat contre les moulins à vent, les invités suivent, intéressés, ce manège. Les gens renseignés en tirent de hasardeuses déductions. Les feuilles publiques les noteront le lendemain : « On a remarqué que le président de la République s'est entretenu d'une façon très particulière avec... » Simple prévention. La conversation roulait sur quelque thème éminemment banal, comme la pluie et le beau temps : quotidiennes fatalités que les hommes subissent et ne modifient point.

S'il n'est las, le Président fera un nouveau tour, et se retirera en ses appartements par les petits escaliers, envahis comme le reste. Une porte s'ouvrira pour lui. A l'apparition de Mme la Présidente, la banquette placée devant une autre porte s'écartera par les soins d'un laquais de planton. Le seuil franchi, la portière retombée, la banquette remise en place, la serrure grincera par deux fois. Bonsoir : les maîtres sont couchés.

Le palais reste aux invités, plus hospitalier qu'à minuit. La cohue est moins dense. Les vieux ménages sont partis. Philémon, chef de bureau, a remmené Baucis, inspectrice des écoles. Ceux pour qui le bal est une corvée ont laissé la place à ceux pour qui il est un attrait. Le charme des rencontres a opéré. Les jeunes filles sont empourprées d'un supplément d'incarnat qui ne doit rien à la chimie. Tout à l'ivresse, il n'est d'ombre sur leur front que la pensée de la fuite des heures — celle peut-être aussi d'un certain petit attaché naval qui leur a donné, des études faites au Borda, une idée avantageuse. Dans les petits salons, aux sièges moins demandés, des élégantes s'attardent en des causeries derrière l'éventail. Flirt? non : la satisfaction délicieuse de se comprendre à demi-mot. Échange de vues fines comme des coups d'épingle et crevant les réputations gonflées. Des cancans, des médisances, les on-dit de toutes les potinières. Les professionnelles beautés de la démocratie, fidèles de la présidence en font les frais : « Belle femme, d'accord, spirituelle, qui a la chance d'occuper par son mari, à moins que son mari ne l'occupe par elle, une des fonctions les moins sujettes aux rafales parlementaires... Et elle reçoit!... Mais ne lui opposez pas un refus, vous en feriez une ennemie mortelle. Le cœur de Marguerite de Bourgogne et sa haine... — Avez-vous reconnu — suis-je sotte, on ne connaît qu'elle — la superbe personne qui me paraît vouloir quitter les Ponts et Chaussées pour le Parlement? — Un cortège... Qui est-ce? La reine de Saba?... Non, c'est Elle; toujours Elle, fidèle au poste, avec son énigmatique carnation d'idole peinte et les feux de ses diamants sur l'émail de ses épaules. Elle ne rit pas, elle ne parle pas, elle ne se meut pas : artificielle, elle passe. Et la badauderie suit son sillage... »

Le mari revient qui a gravement débattu dans un coin de porte, avec M. le directeur, l'affaire en litige. N'ira-t-on point souper? « Venez donc, dit-elle à l'ami, je ne sais personne plus gauche que mon mari pour m'aller quérir une aile de poulet. » Elle l'entraîne sans qu'il résiste vers la salle à manger, où, par fournée de cinquante, les convives entrent qui absorbent debout un ambigu froid... Administration, emploi, amour, objet du litige, aile de poulet, politique : toute la France. Ne sommes-nous pas chez le chef de l'État?

... Le chef de l'État donne à danser : il ne danse pas. La Constitution, muette sur ce point, lui permet de s'abstenir. Il s'abstient. Prudence consommée. Ses attributions sont si réduites depuis Louis XIV qu'il ne se suppose pas de droit à la valse. L'opposition hargneuse est aux aguets, et nulle fonction n'est plus que la sienne à la merci d'un faux pas. Ses ministres imitent sa prudence; d'ailleurs, ils reçoivent plus qu'ils ne donnent à danser. Leurs fêtes ne sont pas également ternes ou brillantes, elles dépendent des femmes qui, avec leur mari, logent momentanément dans les hôtels ministériels.

La démocratie ne recrute pas ses grands hommes dans une classe unique, instruite de ses devoirs de société. Ils viennent parfois, et c'est leur mérite, des couches profondes. Ils n'en viennent pas seuls. Ils y épousèrent, à l'âge des débuts héroïques, quelque compagne humble et fidèle qui ne savait point son monde et ne marquait nul désir de l'apprendre. Elle entra au pouvoir au bras de l'époux, peureuse de tout ce bruit, effarée de ces lumières, étourdie de ces hommages. « Ne vous mariez pas, caporal, dit Balzac, si vous devez être un jour maréchal de France. » Mais hors les secs, qui agit en prévision du maréchalat, à l'âge où l'amour est plus fort que l'ambition? Lorsque tant d'Égéries se morfondent en l'espoir d'une situation en vedette sur l'affiche officielle, de modestes épouses, mal en selle, en croupe de la fortune du mari, de par les lois de l'étiquette qu'elles se refusent à apprendre, se voient ainsi brusquement contraintes à faire les honneurs de leur meublé d'apparat, à jouer les reines du festin, assises entre des grands de ce monde; à recevoir des invités qui les combleront des politesses dues, au dîner, au bal; et qui, le temps des révérences passé, les lorgneront sous le masque. Épluchées jalousement, leurs mots ingénus colportés, leurs gaucheries relevées, leurs gaffes montées en épingle dont elles sentiront la pointe les piquer au sang, elles subiront dans l'atmosphère d'un milieu étranger à leur éducation, hostile à leur goût de retraite et de simplicité, le douloureux martyre des convenances. Gambetta prévoyait ces calvaires qui disait : « Ce qui manque à la République, ce sont les femmes. » C'est pourquoi les ministères, centres jadis des manifestations élégantes, ne convoquent à peu près plus les violons. On danse mal où la maîtresse de maison cache, derrière la contrainte d'un sourire conventionnel, les angoisses d'une humilité que son éphémère grandeur dérangea.

C'est un phénomène sensible surtout en ces soirées dont la composition est assujettie aux lois de messidor. L'aristocratie boudeuse du régime n'y est point représentée; la grande fortune, par esprit de fronde ou conviction, s'en garde; l'art et l'esprit ne sont protocolaires que gradés, et hors les présidents de ceci ou de cela, on ignore ces avances que la monarchie mettait quelque coquetterie à faire aux artistes, aux savants et aux lettrés. Le champ reste libre à cette liste d'invités dont le budget possède les noms. Peu de toilettes, hors quelques bourgeoises aux affaires qu'habillent les couturiers des grandes dames. La modestie des revenus se trahit en la plupart des ajustements, où le goût le dispute à l'économie et ne triomphe point sans quelque concession. La mode y apparaît plus en retard qu'en avance, et quelquefois comme un peu provinciale. Les bijoux de famille sont rares, et ceux honnêtement acquis, même sur des appointements de chef de service, ne jettent que des feux discrets. Ce n'est pas pour blesser l'orgueil d'une démocratie. A peine s'en apercevrait-on, car la beauté est une parure, si les épaules étaient admises au bal plus au choix qu'à l'ancienneté. La simplicité n'est pas le sans-façon, et sans un rigorisme qui serait déplacé, une consigne règne au vestiaire. L'oubli des prescriptions touchant au minimum de convenances appelle une censure impitoyable. Une femme en robe montante ou en toilette trop insuffisante verrait s'approcher d'elle un commissaire au regret de lui interdire l'accès du bal. D'où, à l'Élysée, une tenue générale moyenne, relativement brillante.

L'Hôtel de Ville, au cadre plus imposant, ne saurait l'obtenir. Sur le seuil de leur palais, les édiles se défendent d'édicter des lois somptuaires. Le peuple est ici chez lui, il y vient à sa convenance; ou plutôt il y venait.

Les bals de l'Hôtel de Ville, sous leur forme primitive, depuis 1897 ont vécu; c'était un privilège réduit à quatorze mille postulants. Ils recevaient, à l'un des deux bals de février, le « Sésame, ouvre-toi », objet de tant de convoitises. Ce fut l'historien de Robespierre. M. Hamel, qui, en 1887, s'avisa que l'édilité jouissait de la plus belle salle des fêtes qui se pourrait contempler, la décoration picturale finie. Les électeurs parisiens ne seraient-ils pas enchantés d'y venir se trémousser sous l'œil attendri de leurs élus? Ce vœu fut épousé. Sa réalisation ne se heurta qu'à une difficulté comique. Qui inviterait? Le préfet ou la municipalité? Le préfet, homme d'esprit et de tout repos, s'effaça. On pria donc les tapissiers, les buvetiers, les violoneux, qui, de ce fait, pour leurs bons soins, écumèrent le budget de cent mille francs et plus.

La réussite dépassa les espérances. Elle les dépassa même trop, car elle les déborda. Des froissements graves, des difficultés, des désaccords surgirent. Les édiles, premiers consentants, se reprochèrent leur enthousiasme. Par la bouche de l'un d'eux, ils exprimèrent ainsi leurs doléances :

« Ce bal! notre bal! Parlons-en, quand on a réparti les cartes obligatoires, il n'en reste plus à distribuer. On en envoie aux ministres, aux Chambres, à la presse, aux membres des municipalités, aux caisses des écoles, aux délégations cantonales, aux conseils d'hygiène, et enfin aux conseillers. C'est ici que le drame commence. Nous avons cinquante cartes au premier bal, soixante au second, nous recevons en moyenne trois cents demandes. Les avantagés nous remercient à peine et les sacrifiés nous maudissent. Pour diminuer le nombre des haines, on fait entrer des électeurs en fraude... en crochetant des serrures, en défonçant des portes dérobées, en passant sur le corps des huissiers qui crient : « Monsieur le conseiller, vous me violez »! Il y a eu des pugilats historiques. Désormais, les sentinelles sont incorruptibles et les cadenas sont de sûreté. Nos familles même, sans carte, demeurent à la porte. Nos familles! C'est pourtant le dernier endroit où nous devrions les conduire...

« Ah! celui qui nous délivrera de cette amère corvée, nous l'appelons de tous nos vœux! Bal sans profit pour le commerce — on ne s'y habille pas, sans prestige pour l'Hôtel de Ville. Il serait tolérable peut-être n'étaient les buffets. Ils absorbent la moitié de la dépense. Abreuvoirs électoraux et gratuits, où un Conseil municipal démocrate noie la raison de ses invités dans des flots de champagne à trente-trois sous la bouteille! On a tout dit contre ces buffets, on a même dû en créer où l'on voyait un certain bar que le héraut d'Étienne Marcel présidait. Il mettait l'ivresse à bon marché et prouvait que la pompe à bière n'ajoutait rien — il s'en faut — aux pompes municipales. Au reste, le buffet d'honneur, celui qu'on installe, par une cruelle ironie, dans la salle de la Commission du budget, et qu'on réserve aux conseillers et à leurs intimes, est le plus pillé, le plus séché, le plus écumé, le plus ravagé. J'y ai vu des parents de collègues se bourrer les poches de pâtisseries, tandis que d'autres y cramponnaient leurs mains désespérées. »

Le Rubens de cette *kermesse* n'est pas un adversaire des institutions. Un peu bien sévère tout de même son tableau. Le buffet, où qu'il soit, ne donne jamais qu'une fâcheuse idée de l'éducation des foules. La faim ramène l'homme aux gestes et aux sentiments primitifs. C'est un spectacle manquant de grâce qu'une bouche, si jolie soit-elle, attirée dans une envie de mordre vers ce qui se mange. Le siège des victuailles, la ruée des appétits, la conquête par le mâle, pour sa compagne, d'une sandwich, sont mouvements qui ne diffèrent pas d'un lieu à un autre, mais ils s'enlaidissent en proportion de la foule accourue et des difficultés de l'accès.

Les bals de l'Hôtel de Ville valaient mieux que leur réputation : on n'y était pas plus qu'ailleurs butor ou grossier. Mac-Nab flattait un auditoire aristocratique en se moquant, sans justice, dans une piquante chansonnette, du bal « où l'on va en suer une ». Cette satire manquait d'indulgence. La vérité oblige à dire que des braves gens, ceux qu'on nomme « petites gens », se coudoyaient dans cette assemblée, peu au fait des usages, car en toute leur vie laborieuse ils négligèrent le moniteur des élégances. Ils ont à contribuer de leur peine à la fortune du pays, ce leur est sans doute une excuse. La femme a des robes décentes, mais dépourvues du cachet de la grande faiseuse; l'homme quelquefois ne s'est avantagé que de sa redingote ; cette redingote excite la raillerie. Ce vieux papa se croit-il donc à une noce à Ménilmontant? Point si naïf : il se croit à l'Hôtel de Ville, chez lui. Il a quitté, pour faire honneur à la Municipalité, son tablier ou son veston. Il a mis son vêtement de cérémonie. Il abhorre l'habit qui le gêne, qui ne le couvre pas assez. Il se trouve comme déshabillé dans cette manière de gilet qui ne croise pas par devant et tombe par derrière. Puis comment se supposerait-il ridicule en sa redingote? Il y a dedans quarante ans de labeur probe et consciencieux, de dévouement civique, de résignation à la dure vie prolétarienne. Sous l'habit de coupe irréprochable des oisifs sceptiques, qu'y a-t-il?

Maintenant, pour tout dire, les redingotes n'étaient point communes. On les y voyait par surprise, dépaysées, se faisant très humbles, suffoquant, mal à l'aise, confondues par ces éblouissements, par cette musique, ces mondanités. Serviteurs de la Ville dont le zèle est gratuit, ceux qui les portaient avaient reçu, curieux de voir ça une fois en passant, deux cartes. Ils étaient venus très alléchés, et, le premier saisissement passé, plus étourdis qu'ébaubis. Ils ont tôt manifesté le désir du retour : « La bourgeoise, on serait bien mieux couchés à cette heure-ci? — J'y pensais, mon ami », dit-elle, en considérant que sa robe sombre — qu'une jeune voisine lui décolleta, avant de partir, en rentrant le corsage, une robe faite pour un mariage, il y a trois ans — manque de véritable *chic*. Ils persistent encore un tour, las et somnolents, la migraine aux tempes et se décident à la retraite avec un : « C'est beau, mais on s'ennuie... » Et lui, tout de même, maintenant qu'on s'en retourne, jette un regard sur la fête quittée et conclut : « On s'y ennuierait peut-être pas tant si on était de la jeunesse ! »

La jeunesse a le privilège de faire rire les heures. Elle porte en elle son éclat. Où qu'elle soit, elle est la merveille. Ces fillettes de petits commerçants, de modestes fonctionnaires n'ont pu se mettre en grands frais, et pourtant elles sont délicieuses. Seize ans et un peu de mousseline, en faut-il plus pour triompher? Le plaisir éprouvé achève la parure. Elles paient comptant en joie sincère, électrisées par l'archet, combinant dans les galeries des corbeilles d'amis et connaissances, d'où elles ne s'écartent point. On y danse et on y farandole, mais par sociétés familières, que d'anciennes relations soudent. Cela fait des groupes resserrés qui s'enlèvent, comme de délicieuses anecdotes, sur la rumeur énorme du bal, dans le cadre gigantesque de cette féerie réalisée.

Les deux cohues annuelles ont été remplacées par quatre fêtes, plus discrètes, plus intimes et point expressément dansantes. La danse a rencontré chez les édiles des approbateurs enthousiastes et des détracteurs irréductibles. « Vous savez combien la population sait s'amuser, disait le syndic, et combien elle garde dans ses amusements de dignité et de grandeur. Maintes fois, dans les salons de l'Hôtel de Ville, comme sur la vaste place qui, dans les jours mémorables, lui sert d'antichambre, vous l'avez vue se laisser aller à cette gaîté entraînante et communicative qu'elle a montrée si souvent aux différentes heures de son histoire; cette gaîté si particulière qui la rend si attrayante, aux jours heureux, mais ne lui retire rien de sa dignité, de sa force et de sa fierté aux jours héroïques. On s'empresse à nos bals. Ils sont un événement. Ils donnent le branle aux fêtes parisiennes. Leurs inconvénients découlent de leur succès. Trop recherchés, ils tournent à l'encombrement. Que n'en modifierait-on le caractère en augmentant leur nombre? On inviterait plus souvent et moins à la fois. Ce serait d'une hospitalité plus courtoise. Les invités pourraient danser si tel était leur plaisir. — Ce plaisir, riposta sévèrement un conseiller révolutionnaire, n'est qu'une survivance des époques barbares, des danses guerrières ou religieuses indignes de notre état de civilisation. » Les collègues s'exclamèrent. Lui reprit : « Trouvez-vous encore dans Paris de véritables bals publics? On ne danse plus. Cherchons d'autres motifs de réunir nos invités. — L'Hôtel de Ville, prononça un hirsute d'un creux de basse taille, l'Hôtel de Ville est le palais de S. M. le Peuple. Il venait à ces bals annuels. Des fêtes plus distinguées qu'on propose, il sera exclu. On veut séparer, en les catégorisant, les classes, supprimer le coudoiement des bals annuels, où les invités, quelle que fût leur situation sur l'échelle sociale, dans un même décor, jouissaient des mêmes plaisirs. Égalité, Principes de 89, que devenez-vous? »

Ces accents ébranlèrent la majorité et ne l'entamèrent

point. Les bals ne résistèrent pas aux assauts de leurs détracteurs. Morcelés, fractionnés, ils donneraient leur monnaie en quatre fois. La majorité du moins fit prévaloir cet avis.

Cela se passait, au cours d'une séance, un 13 décembre 1897. Les édiles votèrent un crédit de cent dix-huit mille francs pour l'organisation des fêtes périodiques, non déterminées pour des causes précises. C'était l'enterrement du bal qu'on avait conçu : immense fleuve de chair roulant ses eaux tumultueuses entre les murailles ensoleillées des salles en fête du plus beau des palais de la cité. Le mieux, ennemi du bien, dicta cet arrêt de mort. Il supprimait d'un trait de plume barbare le nécessaire trop-plein des salons, la chaleur du grouillement, l'énormité de la cohue, le titanesque enchevêtrement de ces multiples et diverses unités, au bénéfice de petites sauteries restreintes sans plus d'élégance.

La note vive d'un uniforme, de-ci, de-là, y fanfare. Les soldats sont la ressource des bals officiels. Outre qu'ils en rompent heureusement la monotonie, respectueux de la consigne, quand elle est de danser, ils dansent. Ils sont priés à l'Hôtel de Ville, comme à l'Élysée, mais en trop petit nombre. Leurs uniformes, plus prodigués, chamarreraient la cohue et corrigeraient ce qu'elle a de criard dans les détails, dans l'ensemble de terne.

L'armée est la dernière gardienne de nos traditions dansantes, la marine surtout. L'attaché naval, l'enseigne, le jeune lieutenant de vaisseau sont la coqueluche de nos créoles. Il n'est de divertissement aux colonies que le bal, et, en vue d'y briller, nos marins sont versés dans l'art de la danse. Elle les en récompense. Il n'est soldats de plus fière mine; leur aisance hautaine, leur politesse qui se nuance de gestes parfaits, leur taille si bien prise dans leurs uniformes d'une richesse sévère et leur fine allure les font les héros d'aventures dont il leur est doux de bercer, en campagne, au loin, leurs rêveries... Paris les voit peu, si ce n'est chez leur ministre, où les bals, à leur présence, gagnent d'être exceptionnellement gracieux.

Seuls, les soldats, en ce siècle égalitaire et gris, ont gardé l'amour des claires et chantantes étoffes, des passementeries, des broderies et des ors hiérarchiques. Leurs réunions sont courues. Ce charme n'opère pas que sur les vierges folles, empressées à mirer leurs yeux fauves dans l'acier des cuirasses. Les calmes petites bourgeoises le ressentent aussi, toutes fières au bras galonné du brave homme d'époux, officier de territoriale, en tenue pour le bal du Cercle. L'acier du sabre frappant le pavé relève la marche d'un bruit martial. Et ça vous pose tout de suite quelqu'un dans son quartier !

Puis au sentiment de vanité légitime, se mêle un sentiment plus confus, mais affectueux et touchant. Tandis qu'au pied du lit d'hymen, ordonnances impeccables, les aimées vous aident dans vos ajustements, ne surprenez-vous point dans leurs regards une tristesse, sur leur chair un frisson ? Ne sentez-vous point leurs petites mains trembler ? C'est que, devant l'équipement pour le bal, elles ont songé qu'un jour — sait-on jamais s'il est loin ou proche ? — ils s'habilleront ainsi, dans une fiévreuse hâte. Elles voient, en un rapide éclair, l'échange des baisers éperdus, le départ aux adieux déchirants, aux longs sanglots. En route vers la frontière, pour la misère des camps. Et c'est le choc furieux des escadrons, les blessés râlants, les morts ! Et parmi les morts... Mais elles ont dissipé ces visions funèbres. La musique est joyeuse qui retentit là-bas. C'est au bal que leur héros va ce soir. Elles ont rappelé le sourire. De cette alarmante vision, une inquiétude leur de-

meure, juste assez persistante pour revêtir d'un prestige
glorieux l'uniforme endossé dans la chambre bourgeoise, banale et pacifique.

Ces poignants soucis ont leur saveur que ne goûtent pas les seules curieuses d'autrement. Ils témoignent que toute chose est fugitive et que la suprême sagesse est de ne point perdre en vaines songeries l'heure délicieuse qui ne sonne jamais deux fois. Ainsi pensent les soldats. Par profession, ils tiennent pour hasardeux les lendemains. Leur philosophie y gagne cette insouciance alerte, si précieuse en amour, qui leur fait supprimer la longueur des préfaces. A leurs romans brefs, ils appliquent la devise d'Horace qui conseille de courir au dénouement. La vie est si précaire à qui est aux ordres du clairon. Ils se hâtent, et leurs aveux précipités ont on ne sait quoi d'une charge éperdue.

Toutefois, considérez que la fougue n'exclut pas la politesse, ni l'emportement les prévenances. Le difficile secret de ces victorieux, aux fidélités temporaires, c'est de brusquer sans chiffonner. Au vrai, leurs victimes y mettent une coquette complaisance — « refais-toi, soldat, refais-toi »! N'est-ce pas une manière aux femmes de payer leur impôt à la patrie?

Il leur est remboursé en plaisir, aux bals officiels, où l'armée brille; ou en ces bals exclusivement militaires si éclatants. Les soldats, qui font honte à notre jeunesse déliquescente et figée, sont des danseurs accomplis. Officiers de cotillon, disait-on jadis : flétrissure injuste. Ne peut-on s'amuser et se battre! Les soldats d'Augereau sont des hommes : quelle idée de les vouloir des ours dans la paix? Ils sont lions en amour comme en guerre, intrépides donc et valeureux. Et tous : le fringant sous-lieutenant inlassable, le capitaine dont l'obésité s'allie à la calvitie sans qu'en cette lutte inégale il succombe; le général fidèle à tous les assauts. Parfois, lourdement bercé par la rumeur, dans un fauteuil à portée de sa fatigue, le général s'endort. Au moins, est-ce sur de vrais lauriers !

La « grande duchesse » n'est point seule à s'avouer qu'elle aime les militaires. Les vierges en rêvent qui rêvent de fines moustaches à la française. Quand on rencontre, en un bal d'apparat, un coin charmant, ne cherchez pas : polytechniciens ou saint-cyriens en sont les ingénieurs et les sentinelles. Qu'il s'abusa feu de Pène, lors de ses duels fameux ! Jamais fille de France s'est-elle courroucée, quand, dans la traîne de sa robe, s'embarrassèrent les éperons du lieutenant au dolman bleu ciel? Pourquoi? Le sait-on? Le sentiment ne se discute ni ne s'analyse. Que de danseuses, demeurées sous le charme, rentrées chez elles, et rêvant, seraient capables, les circonstances exigeant ce sacrifice, de planter, sur le casque du héros choisi, leur chevelure en guise de cimier !

NOCES ET FESTINS

A l'aube des dimanches d'hiver, le travailleur matinal ou le noctambule vanné croise par les rues, que décrasse la brosse des balayeuses, des couples emmitouflés sur des semblants de toilettes. Ils vont à pas harassés et menus, l'escarpin verni ou la mule de satin évitant la fange. Sous le manteau ou la rotonde des femmes, un bout de jupe émerge, fraîche de couleur, pimpante, et, par défaut d'harmonie avec l'heure et le milieu, criarde. La main gantée qui retrousse la robe s'embarrasse d'un éventail, et les apprêts d'une coiffure de bal se dénoncent dans le surah qui l'encapuchonne. C'est du bal qu'on revient, à pied, sous l'hypocrite prétexte que la marche est hygiénique et que l'air est salutaire aux poumons. Il serait mieux d'avouer qu'on est de petites gens et qu'on apporte, contraints, dans le plaisir, une économie dont, par philosophie, on se console.

On était chez des connaissances — au cinquième sur la cour — qui font un peu de musique et où l'on fait un peu de sauterie. C'est étroit; cinq ou six couples se meurtrissent aux encoignures, et réciproquement s'y défoncent les côtes. Il y a encore à Paris des salons au luminaire indigent, meublés à crédit où, avec un piano en location, on se donne en dansant l'illusion du monde. Quelques gâteaux secs dans une assiette, l'ocre brun d'une eau chaude au vague arome de thé : que faut-il de plus pour une réception? « Vous savez, chère amie, c'est sans façon, on est ici comme chez soi »; c'est-à-dire qu'on serait peut-être chez soi moins gêné. On fut cependant prévenant pour les amis qu'on invita : l'excédent du mobilier est empilé chez la bonne.

Des entrailles du piano, des mains hésitantes tirent des airs d'opérette, péniblement déchiffrés et mal sus; mais madame est aux anges : elle accompagne la petite flûte de M. Jules. M. Jules est commis dans les nouveautés. Elle vante son doigté expressif et son jeu sentimental. Le concert précède la danse. Une amie soupire une romance d'opéra, mais sans accompagnement, ayant déclaré que, lorsqu'elle chante, la musique la trouble. Un monologue sévit, imité de Galipaux, par un monsieur persuadé qu'ayant ses cheveux il a son toupet, et un invité triste dit une chanson comique. Ces prémices, offrandes au grand art, sont le prélude de la sauterie que la vivacité d'un bruit de polka décide. Aux premières mesures, un assistant se lève, va à une dame, le bras tendu. Elle lui sourit, se lève à son tour, rejette son buste, s'enchaîne à lui. Et c'est, sur le plancher sonore, le glissement contagieux des pas... On tourne, l'aiguille aussi. Une montre consultée, ce sont des cris : « Est-ce une heure pour rentrer? — Je vous reconduirai. »

Ce sont eux que l'on rencontrera, à pied, dans la rue, cheminant, très corrects : elle, drôlette, défaite et assez jolie sous son encapuchonnement qui la fait ressembler à quelque frileuse de Houdon. Sur le bras qu'elle a accepté, elle s'appuie, un peu lourde, et s'en excuse : la fatigue, le froid du matin... Le fat soupçonne complaisamment un motif inavoué dont sa vanité se rengorge. A la porte, où il la salue et la quitte, il l'en remercie d'un regard qui n'est ni sans reproche ni sans regret. Ce n'est qu'une semaine à passer, on se retrouvera samedi... C'est tous les samedis la musique, la danse, l'amour, la petite flûte de M. Jules...

L'aurore parisienne, toute aux remueurs de fange, est ironique à ces rentrées de bal. Ces invités sans équipage font mine de déguisés en gens du monde qui chercheraient un asile de nuit. Ce qui était costume aux lumières au jour blême du matin devient oripeau. Les chiffonnières en haillons, si justes de couleur, dans le sommeil gris des rues, regardent passer, moins curieuses que narquoises, ces femmes aux masques las, frôlant de leurs mousselines les hottes, et dont le retour calcule l'économie d'un fiacre qu'on évita.

On vient de la maison où l'on saute à l'étroit et d'ailleurs aussi. Aux fervents du bal, les prétextes sont multiples d'engager leur ferveur. Si la danse n'a qu'un pied qui remue et l'autre qui ne va guère, du moins, celui qui remue, remue-t-il à souhait. On ne danse nulle part comme on a dansé, mais on danse partout. Entre les quatre murs d'un appartement bourgeois — chez le mari, la femme et la flûte. On danse dans les petites sociétés lyriques, aux fêtes annuelles des associations de secours mutuels, des fêtes de bienfaisance. Les corporations, une fois l'année, se mettent en frais de gants blancs; les originaires des départements se retrouvent entre pays autour d'une farandole ou d'une bourrée; les chorales et les harmonies offrent des soirées dansantes à leurs membres d'honneur. Caisses des écoles, orphelinats maçonniques ou des arts, prévoyance, mutualité, amour du clocher, patriotisme des anciens combattants : les raisons ne chôment point qui font, pour une nuit, s'échancrer les corsages sur le vallonnement des gorges. Les façades de Tivoli Vaux-Hall, du Grand-Orient de l'Hôtel Moderne ou de Bonvallet, l'hiver, pour ces causes, projettent des feux tardifs sur la chaussée d'un noir d'encre où les fiacres noctambules stationnent. Chars hideux et délabrés qui emporteront, vers les ciels de lit, les déesses aux nudités frissonnantes, arrachées à la charnelle ivresse des valses.

Encore que le bal ne soit plus, comme jadis, l'exclusif attrait des veillées du plaisir, il a gardé dans les classes moyennes ses fidèles. La Parisienne, mobile et légère, lui est acquise d'instinct. Il n'est rythme qui, en ses jambes, n'éveille la fureur du mouvement. Elle ne la satisfait qu'en de rares occasions. Elle ne s'abstient pas de danser par éloignement volontaire du bal, mais faute d'honnêtes circonstances. Le temps n'est plus — Dieu! si elle le regrette! — des ébats permis sous l'œil attendri des mères. Ce sont mœurs champêtres qui ne sauraient s'implanter dans la cohue des grandes villes. Tant que les quartiers excentriques, communes rurales absorbées par l'outrecuidance de la capitale, affichaient un semblant de pittoresque local et montraient quelques arbres, le bal donnait l'illusion, sous les frondaisons vertes, de l'assemblée, le dimanche, sur la place du village : les mères, sans alarmes, y laissaient leurs filles s'aventurer. Le bouleversement s'est fait rapide qui, dans les petites communes d'autrefois, a taillé les grands quartiers d'aujourd'hui. Le charme des fréquentations du voisinage s'est évanoui dans une réciproque indifférence. On a vécu plus serré et moins proche. On s'est ignoré de fenêtre à fenêtre, et, locataires du même palier, on s'est refusé la cordialité du salut. Le bal est devenu une réunion étrangère dans un lieu où chacun se traitait en étranger. Les mères prudentes l'ont déserté. Public, mais clos et suspect, il est devenu le marché couvert où, de ménétrier qu'il était, l'amour se fit entremetteur. Les Parisiennes — hors les osées qui ont toute audace franchie — ne dansèrent plus et s'en montrèrent contrites. C'était, avec le bal, perdue l'unique distraction permise aux ressources exiguës d'un salaire d'atelier.

Les sociétés et corporations enrôlées sous la bannière de la bienfaisance, de leur mieux ont rompu ce jeûne. Mais il en coûte pour y assister un certain droit; ce bal fût-il gratuit pour les femmes, sa solennité y incline à des dépenses somptuaires. Ce n'est plus la danse sans façon où suffisaient l'apparat accoutumé des dimanches, la dernière robe confectionnée à la maison, des gants rafraîchis à la benzine, la broche en doublé et le ruban tout uni qui est la plus délicate parure d'un jeune col plébéien. On est tenu à s'y montrer décent. C'est le bal annuel de la Société. Il y a des députés, des conseillers municipaux, des gens considérables. Cela ne va point sans quelque fracas. L'invitation imprimée porte que toute mise négligée sera refusée. Quand la mention n'est pas imprimée, la réserve est sous-entendue et plus rigoureuse encore.

L'élégance préside à plus d'un de ces bals, qui, par son éclat même, exclut la négligence et la médiocrité. Tels ceux de la Caisse des Écoles, qui sont les fêtes annuelles des arrondissements. Un prétexte de charité décide ainsi, chaque hiver, vingt branches de mondanité à se grouper sous les violons que la plupart du temps Mélé conduit. Décernerait-on une palme au plus brillant de ces bals municipaux, qu'elle reviendrait à celui du dix-septième.

Les corporations ont aussi leurs nuances. S'étonnera-t-on que la joaillerie étincelle? Cependant, les bijoux y sont discrets, plus peut-être qu'en d'autres bals de corporations riches. Une des plus distinguées parmi les femmes des joailliers de Paris disait : « Serait-il séant de porter sur soi les écrins de sa boutique ? » En revanche, on n'était nulle part plus endiamanté qu'aux bals des artistes dramatiques ou de l'Orphelinat des Arts. N'y venaient que les femmes que l'admiration des hommes constelle. Mais elles venaient aussi, et c'était l'essentiel, très en beauté. C'est comme le choix de Paris — ou de Pâris — ce qui est tout un ; la réunion des déesses descendues, chacune couronnée, du mont Ida. Elles sont belles et savent l'être. L'entretien des charmes, en elles répandu, est leur unique souci, la plus chère de leurs tortures. Avec l'élégante de Marivaux, elles disent : « Si on savait ce qui se passe dans la tête d'une coquette qui s'apprête pour le bal : combien son âme est délices et penchants! Si l'on voyait la finesse de jugement qu'elle fait sur les goûts qu'elle essaye, puis qu'elle rebute, puis qu'elle hésite de choisir et qu'elle choisit enfin par pure lassitude, cela humilierait les plus forts esprits, et Aristote ne serait qu'un petit garçon. C'est qu'en fait de parures, quand on a trouvé ce qui est beau, ce n'est pas grand'chose, il faut trouver mieux, pour aller de là au mieux du mieux... » La beauté n'est point qu'un don chez les professionnelles de la galanterie ou du théâtre, c'est une science, qui ne donne toute sa mesure qu'en l'animation d'un bal, dans la diversité des attitudes, l'ondulation des mouvements, la nudité palpitante des gorges. D'où les splendeurs égalant à la magie de ces réunions dansantes qui sont — ou plutôt étaient — comme un permanent concours de beauté entre celles des beautés qui portent déjà la couronne et le sceptre.

Les ordinaires bals de charité — puisque la charité est la dernière raison d'être de nos bals — ne prétendent pas tous à d'aussi harmonieuses visions. La jeunesse n'est point le seul apanage de ces réunions, quasi officielles, et toutes les jeunes filles qui s'y rendent ne sont point si émancipées que leurs mères les quittent... L'âge, l'austérité, la roideur des principes sévères de celles-ci, aux efforts des plus expertes couturières résistent, et, par contraste avec les bals si parisiens des artistes, ces bals d'arrondissements ou de corporations prennent un caractère de sérieux qui fait qu'on les estime plus peut-être qu'on ne les admire. Vous attendez-vous à voir folâtrer le Commerce et l'Industrie? Voyez-vous que les tissus badinent? Que le Sentier, qui a son bal des dentelles, cabriole? La Métallurgie, avec ses maîtres de forge, peut unir la solidité du fond à la richesse de la mise en scène, mais elle se garde d'une gaîté malséante. Cependant, l'*Aiguille*, qui est l'association des couturières, commence par profession à pencher vers des élégances moins puritaines, et l'allure est déjà comme affranchie presque. Le bal des demoiselles de magasin donne des gages à l'imprévu. Les amateurs masculins se le disent; ils s'y rendent, persuadés qu'il leur arrivera de pouvoir se présenter comme cavaliers à de belles inconnues venues seules, en peine de savoir qui les reconduira. L'aventure défunte, au bal de l'Opéra, se rencontre près de ces créatures exquises, et, sans intrigue ni masque, comme une chose infiniment naturelle. Considérez qu'il y a là une grâce d'état. La demoiselle de magasin, la bouche en cœur, la formule sucrée, s'avance au-devant de l'amour, comme à son comptoir au-devant du client, insinuante et faisant l'article. Dans son joli geste, qui a accepté une valse ou une polka, il reste de sa cordialité professionnelle le légendaire : « Et avec ça, Monsieur, il ne vous faut pas autre chose »?

Le bal public était trop risqué, le bal de société trop solennel; la Providence veillait qui, entre les deux, pour les demoiselles de boutique, les modistes, les employées, les ouvrières des états cossus, plaça les sociétés lyriques et dansantes — petites réunions sainte-nitouche avec des airs familiaux et des prétentions artistiques. On y chante, on y jabote, on y musiquaille, on y danse, on y fait tout cela; on y fait autre chose. On vient comme on est, sans s'habiller, en chapeau, tout de suite en confiance, à tu et à toi.

La petite société est une réunion fermée — où tout le monde entre. Elle a son siège dans un sous-sol de café ou un entresol de marchand de vins. Autorisée préfectoralement, elle a des statuts. Elle se recrute par voie d'admission : les sociétaires paient une cotisation minime pour les frais du local. C'est une salle décorée du tableau des membres, dotée d'une scène au décor immobile — le manteau d'Arlequin sur un salon du Marais — et pourvue d'un piano d'ordinaire affligé d'une laryngite chronique. La société délivre à qui est sien l'insigne qui, dans les grands jours, se porte apparent sur la redingote ou le corsage. Elle s'appelle les *Épicuriens*, les *Enfants d'Apollon*, ou les *Gais Momusiens*.

Ces titres surannés révèlent un écho des dîners du Vaudeville et du Rocher de Cancale. Épicure... Apollon... Momus... expressions contemporaines de la gloire du Caveau : c'est qu'elles en viennent.

Les sociétés lyriques et dansantes sont la suite des goguettes où le populaire, sous la Restauration, se divertissait en chantant. Créées par des chansonniers enthousiastes, elles furent d'abord exclusivement chansonnières. Alors, chacun débitait sa chanson, sans se lever, le verre en main. Tout y était conservé des us et coutumes de la goguette classique. « Accueil aux visiteurs », disaient les cartouches sur les murs; « Hommage aux dames ». Le président qui, la pipe aux lèvres, dirigeait « les plaisirs de la soirée », donnait à chaque assistant son tour de chanson. De son maillet, il marquait la cadence des bravos obligatoires. Invariable, il priait les « galants troubadours » de redoubler quand c'était pour une dame. Les couplets suffisaient au programme, inédits souvent, et chantés par leurs auteurs, que Montmartre ne disputait pas encore à ces maigres lippées. La *Lyre bienfaisante*, les *Épicuriens*, les *Gais Momusiens* luttèrent longtemps dans leur vieux décor, jusqu'au jour où la mode leur imposa le caprice de ses nouveautés. La vieille chanson était bien pont-neuf! Les jeunes gens apportèrent les refrains du beuglant et les joies des bals publics. On remisa Colmance et Désaugiers pour le monologue, la scie de Bonnaire et les flonflons. La sauterie clôtura la fête en ces goguettes attardées. Elle fut bientôt toute la fête.

Paris compte une vingtaine, une trentaine de ces réunions, disséminées sous d'aimables vocables, recrutées par relation. Il est convenu que c'est très gentil et qu'on y pourrait amener sa mère; on s'en dispense et l'on fait aussi bien. Tout de même, quelquefois, elle gênerait. On s'entraîne l'une l'autre, par camaraderie d'atelier ou de magasin; on fait connaître à ses amies des messieurs qu'on y connaît, des jeunes gens comme il faut, qui ont l'honnêteté de s'occuper de votre vestiaire, de payer votre consommation, et de vous reconduire. Ni obsédants, ni indiscrets, ils dansent décemment et dissimulent avec politesse ce que pourraient avoir de trop ardent les sentiments qu'ils ne sont pas fâchés qu'on leur devine. Ils s'informent de la famille et parfois désirent la rencontrer. Pas toujours. Il en est qui préfèrent la solitude à deux, le dimanche, dans les bois de Saint-Cloud ou de Suresnes. Ils s'en expliquent dans un tour de valse et sont assez clairs pour être entendus. Cela finit quelquefois par des mariages. Mais les quadrilles n'ont pas qu'une figure. Il y a des solutions moins austères. La malignité publique ne les ignore pas qui surprit la frivolité égrillarde de ces gestes et décida qu'une expression serait plus juste, pour désigner ces sauteries, que celle de « pince-cœur ». Les visées des jeunes gens ambitionnent peut-être d'atteindre au cœur, mais un sentiment, qui ne saurait être la timidité, les fait s'arrêter à mi-route.

Ne médisons point des sociétés lyriques : elles sont l'école mutuelle de la danse. C'est un cours d'application sans maître, non toujours sans maîtresse. On s'y essaie entre des bras jeunes, et, si peu qu'on ait des dispositions naturelles, on y réussit assez bien. Les professeurs diplômés grondent contre cette éducation sentimentale, ne tenant pour classique que le savoir qu'ils répandent.

Weiss a rendu célèbre son maître à danser. Il était de Dijon, et se nommait Mercier. Ce bonhomme professait la danse, le maintien, le salut à la française. Sa figure respirait la sérénité rébarbative d'un digne homme qui a vécu cinquante ans sous l'œil de ses concitoyens sans qu'aucun d'eux puisse lui reprocher d'avoir manqué une seule fois aux bons principes, ni sur la danse, ni sur le violon, ni autrement. En matière de danse surtout, ses principes étaient terribles. Il pouvait se vanter de ne pas concevoir la danse comme un amusement. Weiss a raconté comment le père Mercier le tint dans la cinquième position (croisez les deux pieds de manière que le talon de l'un et le talon de l'autre se correspondent). L'élève osa lui dire qu'il ne comprenait pas bien les avantages de cette position, peu habituelle dans le monde et pas mal gênante. Il poussa la hardiesse jusqu'à lui demander quand est-ce qu'il lui apprendrait la valse? Le bonhomme en fut surpris et suffoqué. Il posa d'abord ses lunettes, puis son violon. « Il me regarda, dit Weiss, en silence, avec sévérité. Quand il jugea que j'étais suffisamment couvert de confusion, il me tint ce discours féroce : — Jeune homme, respectez mon âge. Je n'enseigne pas le bastringue. Votre honoré père peut vous ôter de mon cours quand il lui plaira. Tant que vous resterez par sa volonté, retenez bien mes deux principes : *Primo :* la grande maxime, en quelque art que ce soit, c'est de ne jamais adoucir les difficultés de la chose au commençant. *Secundo :* Qu'est-ce que maître Jeandrau vous enseigne au Collège Royal? Des langues que vous ne parlez jamais. Eh bien, donc, ici, vous n'apprendrez que des pas qui ne se dansent plus, le menuet, la gavotte, l'anglaise. Et, se rengorgeant : — Je suis professeur de danses mortes. » De cette algarade, Weiss ne garda point rancune au père Mercier. Il convint n'avoir pas tout à fait perdu sa peine dans l'étude des cinq positions. Il lui dut le besoin et le sentiment de l'égalité dans le style.

Le père Mercier est mort, mais il était, comme les bons principes, immortel. Il revit dans plusieurs de ceux qui professent, non dans tous; car la conviction est la dernière vertu des doctes en toutes choses qui font métier de nous instruire. Il est, dans les cours de danse, des pères Mercier qui portent d'autre nom. Ils ne sont ni moins originaux, ni moins pittoresques, ni moins rengorgés de leur savoir. Ils brodent les mêmes doléances sur la prétention des élèves à vouloir posséder la science avant les rudiments, et demandant à danser sous le prétexte qu'ils sont venus apprendre la danse. On n'a plus le temps de rien, hâtifs en les choses qui s'élaboraient le plus lentement, on veut posséder la valse avant les cinq positions. Le père Mercier résistait : de bronze sur les principes. Ses émules n'ont plus cette fermeté qui leur serait pernicieuse. Les élèves, menacés d'être renvoyés chez leurs pères, ne se le feraient pas toujours dire deux fois. Il faut en passer par là, mais si le professeur se nomme Desrat, il jure par l'extinction du feu sacré. Il rappelle les souples ébats de sa jeunesse, la décence que la folie gardait ; l'art respecté jusque dans les cavaliers seuls ; les règles asservissant jusqu'aux pas de Rigolboche. Ces choses sont loin. Il en est navré. Il n'enseigne plus à ses disciples distraits que la parodie de son propre savoir.

Les cours de danse pullulent. On en compte une quarantaine ayant pignon sur rue. On y enseigne l'art du monde en dix cachets ; on y traite à forfait des belles manières. Pour huit francs par mois, on vous transforme un rustre en *gentleman* accompli. Le plaisant, c'est l'origine de ces professeurs de maintien. Ils sortent de diverses professions où la vie leur fut dure ; ils étaient commis voyageurs, courtiers en suif. On cite un ancien trombone de la garde et un garçon d'amphithéâtre. On a vu un de ces cours tenu par un comptable. Il fallait un danseur, ce fut un calculateur qui l'obtint. Il leur viendra des gentilshommes, ils leur enseigneront à saluer, à marcher, à s'asseoir, à tenir leur chapeau. Et comme la brusquerie est l'apanage de la profession, ils s'étonneront d'un geste, à leur point de vue insoutenable, et demanderont à un fils de bonne maison : « Ah çà, d'où sortez-vous » ?

Une école de danse française, qui n'eut, diplômés, que des maîtres, tenta de se fonder sur le modèle de l'Académie de

Munich. La rivalité des intérêts fit avorter l'entreprise ; les cours de danse devinrent la profession de tant de gens qui ne réussirent point dans d'autres. Quelques noms cependant émergent du commun qui font autorité : étoiles de ballet, que l'âge surprit avant la fortune, chorégraphes de l'Opéra comme M. de Soria ou M. Stilb, ou ce prodigieux M. Desrat, fils de Desrat, qui avait des principes et enseignait les positions.

Ses cours sont une joie. Le faubourg s'y fait inculquer la valse en trois temps et en deux mouvements : la magistrature et l'université y sont assidues. Une belle jeunesse, le vendredi soir, d'un air ennuyé, s'essaie à donner la mesure des profits que des leçons de la semaine elle a pu retirer. Les élèves des deux sexes répètent alors en commun. L'étude n'est point désagréable, d'autant que les jeunes filles sont toutes, sinon jolies, du moins bien nées. Le vieux maître, petit, rageur et gai, vif et tout en acier, se démène dans les tourbillons du paresseux troupeau, peu ménager des propos grondeurs, fécond en aphorismes. « Ne faites pas danser une femme comme vous feriez sauter une bûche. » « M. Desrat est forcé de vous dire que vous avez des grâces de manche à balai. » Il gourmande, bouscule, trépigne, d'une verve inlassée, dont la familiarité si cocasse déride. Le dépit s'indique dans ses sarcasmes nonchalants et tièdes ; ses disciples ne lui viennent point par entraînement : ils répondent à une nécessité. Ils soupirent qu'il le faut, et de mauvaise grâce lui emboîtent le pas. Ils ne demandent au professeur que de les aider à sauver les apparences. Ils ne veulent que l'air de savoir.

Il en allait d'une autre façon quand régnaient Cellarius et Laborde. Ils avaient leurs partisans comme jadis Glück et Piccini. Pour les beaux yeux de la polka, que la Taglioni lançait, ils divisaient Paris en deux camps : les cellariens et les labordiens. Un troisième dieu allait surgir, Markowski. Le père Mercier, de Dijon, s'il connut ces délirants triomphes par les gazettes, son cœur de classique en dut être ulcéré. Un élément fâcheux révolutionnait les cours de danse. Des étrangers, hongrois, polonais et valaques, travestissaient nos pas dans un rythme oriental dont le charme opérait sur nos esprits subjugués. Polka, mazurka et scottish : sauteries vantées d'une vulgarité barbare, sur nos danses nationales prédominaient jusqu'à l'aberration. En ces officines, c'était à qui innoverait. Sans Cellarius ni Markowski, on innove encore, de-ci, de-là, dans les maisons où la danse donne ses leçons, complaisante en certains cours jusqu'à nouer, sous couleur d'études, des doigts qui se cherchaient à tout autre dessein. C'est là qu'on se flatte de faire du neuf, ne serait-ce que pour corriger la monotonie des anciennes figures. Ainsi naissent la *berline*, le *pas de quatre*, les *ostendaises*, les *variétés*, la *polka des bâtons*, qui tiennent moins de la chorégraphie que des petits jeux innocents. Vous le verrez : le cotillon deviendra le « cotillon qu'y met-on ». Et l'on se donnera des gages.

Une danse se lance comme une mode, et comme une mode se subit. Un décret mystérieux l'édicte, que le plaisir promulgue et que le succès contresigne. La figure nouvelle se propage par contagion. Elle dure la saison ou plus. Elle fait fureur, s'abandonne, ou demeure ensuite au répertoire national entre la polka et la valse, souveraines indétrônées qui de plus en plus règnent et... gouvernent encore. L'immortalité ne semble point promise aux fantaisies outrancières des professeurs de danse. Sur les trente numéros qui emplissent le programme d'une ordinaire soirée, voit-on figurer ces nouveautés plus de deux ou trois fois? C'est la valse qui toujours fait le maximum. Qui ne s'en aperçoit aux noces? réunions improvisées, qui donnent l'échelle véridique du goût moyen en matière de danse.

Une coutume a failli s'introduire dans nos mœurs, qui supprimait les violons de l'hyménée. On les accordait pour les fiançailles ou le contrat : on les tenait pour vulgaires et du dernier commun le jour de la bénédiction. Les mariés, la cérémonie officielle ou religieuse achevée, étaient réputés partir en voyage. Ils assistaient à un lunch debout parmi les invités, prenaient une coupe de champagne, et, en gens pressés de s'enfuir cacher leur bonheur, couraient à leurs malles. L'épouse mettait sa fleur d'oranger aux bagages, et en route pour la chambre d'auberge ou le spleen cart, meublé roulant. La première et délicieuse nuit s'écoulait derrière les rideaux abaissés d'un convoi dont

> La trépidation excitante des trains
> Vous glisse des désirs dans la moelle des reins ;

ou dans le lit du Terminus complaisant à toutes les aventures comme à toutes les adultères. L'heure inoubliable sonnait à la pendule en simili, marquée au cadran où la maîtresse inquiète comme l'épouse coupable et la négociante en volupté avait suivi la révolution immuable des aiguilles, à nos agitations indifférentes. L'étreinte initiale avait pour témoins les murs complices des passions de hasard, et la domesticité sceptique des nuitées mercenaires. Le souvenir de ce moment tant espéré et tant craint se mêlait aux confidences des cloisons trop minces, à la parodie de l'amour jouée par des filles de rencontre — voisines de la chambre des nouveaux épousés dans l'hôtel caravansérail, où fiancées et courtisanes, à la lueur des mêmes flambeaux, voient, dans l'impudeur des mêmes miroirs, leurs caresses se multiplier.

Les mariés envolés, le buffet dévasté, les invités partis, la famille se retrouvait seule dans la maison vide. Un repas réunissait ces convives venus de loin; silencieux, glacial, funèbre. La joie affichée était feinte, l'inquiétude qui suit nos décisions irrévocables pesait sur tous. S'aimaient-ils? combien de temps iraient-ils aux bras l'un de l'autre appuyés? que disaient ses yeux quand fut prononcé le mot qui lie et que pensait son cœur? Des silences lourds suspendaient les propos avares et calculés. Une tristesse embrumait le front des convives. Ces repas de noces sans mariés, c'était comme un retour de funérailles.

La tristesse angoissante de ces pompes que le snobisme avait décrétées, nous ramena vers une tradition moins lugubre, la vieille tradition qui était encore la meilleure : celle qui des épousés faisait les jeunes héros de la noce. Ils présidaient à ces agapes dont ils étaient le charme et la raison; festins prolongés qui allaient des appétits assouvis au plaisir inlassable, commencés dans la succulence des mets, achevés dans l'emportement passionné des danses. Nos anciens n'auraient su s'imaginer un mariage sans contredanse ou menuet. Aussi loin que la pensée plonge dans la nuit de l'histoire, elle rencontre l'union des individus solennisée par l'allégresse commune. Or, l'homme manifeste essentiellement sa joie par le désordre apparent de ses mouvements. Quelle joie plus digne d'être clamée haut et bramée que l'amour de deux êtres signant, par là même qu'ils s'unissent en vue des baisers féconds, le pacte de l'éternité? L'invraisemblable mode spleenétique qui, au pays de la contredanse, imposait silence à l'entrain au seuil des chambres nuptiales et dérobait les époux à la lascivité des rythmes en leur honneur alternés!

Les petites gens n'ont point pratiqué ces entorses à la tradition. Ils se marient à la bonne façon des aïeux, et s'ils brusquent la cérémonie, ce n'est point pour innover : c'est qu'il en coûte de la mener tout au long. Même dans le peuple, où la démarcation des classes se fait chaque jour moins sensible, on a renoncé à certaines coutumes, comme d'organiser les noces en pique-nique. Les assistants y payaient chacun leur écot. C'était l'agape des âges primitifs. On en use ainsi dans les tribus patriarcales des Arabes de l'Afrique. Le festin est le don de tous, et, au nid, chacun apporte sa brindille. Le respect humain a aboli ces mœurs, qui furent nôtres aussi, dans la simplicité des temps. La forte race auvergnate, sage et pratique, insensible aux épigrammes des délicats, la dernière, maintint les traditions du pique-nique. Elle a capitulé à son tour; les restaurateurs parisiens ne citeraient pas dix noces données à frais communs.

Les mariés trop pauvres s'abstiennent ou festoient avec leurs quatre témoins. Les autres invitent et font les choses de leur mieux. Ils prient au repas, restreignant le nombre des convives à la mesure de leurs ressources; d'où la fréquence des petites noces. En vertu de l'adage que plus on est de fous plus on rit, c'est peut-être pour mettre au rire une sourdine. D'autant que l'obligatoire présence des parents âgés prend à ces tables limitées la place de la jeunesse. Le bal terminant le déjeuner dînatoire se ressent de la rouille des années, contre laquelle il n'est réminiscence qui tienne.

Tenez, toutefois, qu'il y a des noces qui sont des noces. Le Continental en sait quelque chose, où les lustres s'allument pour les somptuosités des nuits d'hymen. Des boulevards, derrière les vitres embuées d'un Notta, d'un Maire ou d'un Marguery, le passant voit des silhouettes trépider en l'honneur d'une virginité précaire. Vers le Palais-Royal moribond, l'habitude fait converger les carrosses doublés de satin blanc et les cochers aux fouets cocardés d'oranger, que Le Mardelay n'a pu, que jusqu'à bout de bail, retenir à sa porte, rue Richelieu. Noces bourgeoises chez Corazza, populassières chez Tavernier ; le jardin mélancolique entend, surtout le samedi, écho affaibli des fêtes dont les merveilleuses emportèrent le secret, grincer les violons des noces à prix fixe.

Hors le vendredi et le dimanche, tous les jours sont consacrés désormais à la *Venus genitrix*. Les établissements pullulent dans Paris qui se réclament de l'avantage de solenniser ces prises de possession que sont les épousailles. « Noces et festins, salons de 100 couverts » clament les enseignes. L'affection du populaire se partage surtout entre le bois de Boulogne et Gillet, et le bois de Vincennes et le Salon des Familles. Par une ironie du plus haut comique, deux endroits sont désignés comme les reposoirs du cortège rituel : l'un, qui est dit la Cascade, et l'autre, la Porte Jaune. Époux, tu n'éviteras point la Cascade... Madame, passer la sous Porte Jaune, c'est le sort des mariées.

Être de noce dans le monde, ce n'est pas folâtre. Que de joie, par contre, dans les noces populaires ! Entrez au Salon des Familles, un samedi, dans la bonne saison ! Car il y a une saison propice, sorte de frai conjugal. Elle va de la brise septembrale aux derniers souffles printaniers. Le carême est mauvais : il y a abstinence charnelle. Le voluptueux été languissant n'incline qu'aux chaudes et lourdes siestes, aux mollesses perfides, aux torpeurs délicieuses dans l'électricité féerique de ses nuits. Il n'est point chaste ; il dévêt, impudique, la vierge que ses voiles tourmentent ; il accable sa chair et l'invite aux nudités, cependant qu'août, dont l'haleine est torride, lui souffle les violents aveux des germes épanouis. Les bras pendent, l'été, des plus pures couches, en désordre, accablés, et des doigts énamourés les bagues glissent — les bagues même qu'Hymen y glissa.

Mais, revoici l'automne et ses frissons, les jours plus brefs. La pensée rafraîchie, vers l'intimité du chez soi se reporte. Elle s'exalte à la tranquille clarté des lampes, devant la soie blonde des têtes innocentes, sous son rayon penchées. Les « oui » retentissent, clairs, osés ou timides. Les cortèges s'ébranlent dans les rues, cocasses par le luxe emprunté et gauche des invités. Cela devient, à force de grotesque, attendrissant. Oh! la grand'maman en soie puce! oh! les parents de campagne à la dernière mode de Romorantin! oh! le garçon d'honneur dans son noir d'extra, important et loustic, quand il répartit les dames dans les voitures, si satisfait de l'admiration qu'il sent portée à sa coiffure frisée au petit fer!

La mariée est charmante. Elle est charmante, parce qu'elle est blanche comme un matin de grésil, comme un pommier en fleurs, comme un tourbillon de neige, comme un nuage de printemps dans une aube opaline. Elle est charmante, parce que ses voiles sont d'une vestale promise au sacrifice; parce qu'elle est blanche pour la dernière fois; parce que sa virginité ne passera pas cette nuit, et que la certitude de l'éphémère est pour nous attendrir. Elle est charmante pour ces choses qu'elle exprime sans les dire. Elle est charmante, parce qu'elle est la mariée, et qu'une mariée est toujours charmante...

Le ridicule, la noce à table, au reste, s'évanouit. L'ineptie, c'est la cavalcade : la foule goguenarde prise à témoin, du don le plus intime que puisse faire chair de femme, cet « à la queue leu leu » des carrosses de louage, haletant derrière l'innocence symbolique qui agite, forteresse prête à se rendre, le voile blanc des capitulations. Mais cette même mascarade, au Salon des Familles, prend on ne sait quoi de solennel que le cadre ne raille plus. Il est agencé en vue de cette communion des cœurs sous les espèces du pain et du vin. C'est là que se murmurera, plus expressivement qu'à la mairie et qu'à l'église, entre les biscuits et le champagne à trente sous la bouteille, le « prends ceci est ma chair », et que l'acte se décidera irrévocable — l'acte auquel on se prépare depuis des semaines, des mois, des années. C'est un théâtre machiné pour ces préludes que ces restaurants de noce. Leurs salles de festins se coulissent à la mesure des invités. Le promenoir est vaste, agrémenté des jeux que sollicite la gaudriole, comme le diable cornu disant la bonne aventure aux maris. Le jardin invite à la rêverie, aux confidences ; il isole les tristesses que le spectacle de nos folies traîne après ; et, plus prosaïque, ramène dans les poumons, que l'indigestion asphyxie, un peu d'oxygène purificateur. Dix ou douze noces s'y rencontrent sans se mêler, chacune chez soi, calmes au potage, agitées aux petits fours. Noces de petits commerçants, d'employés, d'ouvriers à façons, de maraîchers, les plus cossues celles-ci, et restées campagnardes. Les garçons et les filles, séparés à table, se retrouvent au café, servi dans un salon spécial, où c'est aux jouvenceaux à donner le branle des chansons. Une heure pleine, ils s'égosillent, coqs faisant admirer la sonorité de leur organe.

Encore une mode qui passe la chanson au dessert des noces, et au bénéfice de la danse. Comme les dents grignotent le château de nougat que couronne la mariée en pâtisserie de couleurs, parfois les plus vieux de la famille évoquent un air de circonstance, « poussant la romance » qu'à leurs noces on « poussa ». Ils ont oublié, ils cherchent, se reprennent, chevrotent des excuses et des alibis. « Cristi ! je la savais pourtant... Cette sacrée mémoire s'en va comme le reste. » L'irrévérence des nouvelles couches s'amuse plus des lacunes que des couplets.

Au milieu du fracas des fourchettes battant la mesure sur la vaisselle, et la table vibrant sous les poings comme le plancher sous les talons, on crie aux vieux de chercher au fond du verre le refrain qu'ils ont chance d'y tout à fait noyer. Les adolescents ne chantent plus. Leur répertoire indigent se compose de quelques bribes de café concert, ou d'une rengaine sentimentale recueillie du chanteur des rues, sous les portes cochères. Ils n'apportent plus à la mariée les compliments d'usage,

> Tu vas quitter notre famille
> Pour partir avec ton époux,

les conseils équivoques, les allusions symboliques : ce bric-à-brac d'épithalames épicuriens dont une noce d'autrefois ne se fût point passée. Les fêtes du mariage se sont d'ailleurs écourtées ; leur cérémonial s'est réduit à quelques gestes essentiels ; du naufrage de ces habitudes, il est surprenant que le cérémonial de la jarretière ait survécu.

Autrefois, un gamin — avez-vous remarqué que les noces populaires foisonnent d'enfants ? — se coulait sous la table, au préalable instruit de sa mission. Il rampait à quatre pattes jusqu'à la mariée, insinuant sa main sous les jupes et, vers le genou, la pinçait. La pudeur offensée jetait un cri, à moins que la candide créature ne crût à une politesse de quelque cousin éméché. Le coupable surgissait de dessous la table, agitant, trophée gracieux, un flot de faveurs : c'était la jarretière détachée que l'assistance partageait.

Cette conquête reste établie sur les mêmes données : la jarretière est seulement plus matérielle, jarretière pour tout de bon, ornée de petits grelots. Et les faveurs dont les boutonnières s'orneront seront accompagnées de babioles.

Le cotillon, distributeur des frivolités, a gagné les danses populaires qui ne lui ont emprunté que sa pacotille : comme ces affiquets compliquant, sans l'embellir, l'ancienne cocarde de la jarretière ! C'est encore l'invasion des coiffures en papier. Des étuis brisés sortent, multicolores et papillotants, des cimiers moyen âge, des bérets des écoles, des casques à mèche, des coiffes normandes, des ailes de religieuse, des tricornes de gendarme. La surprise de ces ajustements surexcite la joie. On s'affuble et l'on rit de voir les autres s'affubler de même. La facétie s'indique en traits faciles. On se divertit grassement du hasard qui donne à une jeune fille un bonnet de nourrice ou met un chapeau de cardinal sur la tête d'un libre penseur. Et que de malices, s'allégeant de toute contrainte, si un coucou échoit à la mariée ou si des cornes ont l'ironie d'orner la coiffure du mari. Ces farces font tourner la noce au vaudeville. Équipée en mascarade, au-devant du rire des noces voisines, elle traîne, braillarde et carnavalesque, sa drôlerie, parcourant les salles ouvertes, déambulant dans les vestibules, derrière l'épouse qui joue au naturel, avec sa coiffure de papier, la mariée du mardi gras, et restera ainsi attifée pour la danse.

Toute délaissée qu'elle soit, la danse demeure encore le signe d'allégresse. Si le repas s'abrège, si la chanson reploie ses ailes dès les premiers vers du refrain, c'est que les jambes sous les tables trépignent à l'appel deviné des rituelles polkas : « Oh ! oui, danser » ! Et les grandes filles, ivres de la joie de ce jour, que l'amour grise, en tapotant leurs mains, sautillantes et vives, se lèvent les premières, pressant les anciens de quitter la salle, que le service débarrassera de sa table si imposante tout à l'heure et maintenant encombrante. Danser ! « C'est si peu souvent qu'on danse » ! On a confessé à son cavalier — un jeune homme très bien dans les calicots ou les cotons — que maman ne veut pas qu'on danse n'importe où et avec n'importe qui, « parce que vous comprenez, Monsieur, certains jeunes gens ne sont pas comme il faut. Puis, on dit toujours plus qu'il n'y en a ». Mais on aimerait follement à danser. On ne le peut plus qu'aux mariages. Au dernier où elle fut, ce qu'elle s'en paya toute la nuit! Elle était fatiguée? Croyez-vous? Pas le moins du monde. « Cependant, ajoute-t-elle, en baissant les yeux — comme la mariée — le monsieur avec qui on m'avait mise était bien gentil; j'aime mieux pourtant être avec vous... Oh! oui, pour le sûr!... » Ces badinages disposent à des valses qui, sans être très régulières, ne seront point privées de la grâce ardente d'un voluptueux abandon.

On dansera au piano simplement, à moins qu'on ait commandé un petit orchestre pour faire un peu plus de bruit. Et ce bal des mariés ressemblera à tous les bals. La nouvelle coutume n'a point laissé subsister le quadrille d'honneur que les anciens dansaient avec dignité. On part sur un air de polka, sans souci des préséances, l'époux entourant la taille de l'épouse, dans un premier enlacement qui n'est qu'un prélude.

On les suit d'un regard attendri et malicieux, parce qu'on sait l'heure prochaine de l'aventure. Rien n'est joli comme le petit pied chaussé de blanc de la mariée, glissant, la cheville pudiquement découverte. D'autres petits pieds s'agitent sous l'ombre des jupes, oiseaux mutins sous la feuillée, mais nos yeux vont surtout aux mules liliales, dans le chaste mystère des blancheurs étoffées. L'esprit s'y attache, par l'imagination guidé. Serait-ce qu'il y voit le seuil du temple inviolé encore, où le désir de l'époux, désormais toute licence accordée, chemine vainqueur, et, de là, monte?

Ils vont, les petits pieds de la mariée, mal en mesure : elle est si troublée! Ils vont, infidèles au rythme, mais déjà soumis et aux pas de l'homme attachés. Un serment les enchaîne, par les fleurs de ce soir, frêle satin à ce veau vernis! Ils se dressent sur la pointe, s'arc-boutent sur les talons, virevoltent, glissent et tourbillonnent, rapprochés — comme dans un instant ils le seront en la couche tiède qui les attend, où ils connaîtront le frisson des caresses frôleuses et le vertige des illusoires abîmes. Mais la plume des édredons est douce aux chutes. Dansez, petits pieds blancs des petites mariées!

Tout n'est pas à pleurer dans les traditions perdues. La barbarie des âges primitifs s'accusait en les plus pittoresques, et leur anachronisme nous choquait. Le mariage, dans les temps reculés, était une victoire. Le cérémonial qui l'accompagnait en précisait le sens. L'épouse, pour être méritée, devait être conquise. C'était, dans la nuée, et seulement une fois les forces hostiles combattues, que Sigurd à son sommeil arrachait Brunehild. Les coutumes locales de nos provinces gardaient, de ces légendes, un écho. En bien des villages, un simulacre de lutte préside encore à l'enlèvement de la fiancée de la demeure paternelle. La bénédiction accordée, on lutinait les heureux époux. Le sérieux de ce symbolisme a dégénéré en farce inclinant les futurs à de basses capitulations. Jusqu'au repos conjugal qu'un charivari classique longtemps interrompit.

Paris s'est affranchi de ces façons burlesques. Cependant les noces de maraîchers, demeurées paysannes, dans les faubourgs de Montreuil ou du Bel-Air, tourmentent encore de leur gaieté grasse les nouveaux époux, qui en rient de bon cœur. Le couple, qui ruse avec la malice polissonne des gars, s'échappe vers une heure du matin et rejoint le nid disposé à dessein. Les loustics décampent à ses trousses, devinent la cachette et, si la porte est close, escaladent les croisées, sommant les mariés d'interrompre en leur faveur les ébats de leur prime nuitée. La curiosité des assiégeants n'est satisfaite que le lit aperçu. Ils offrent à la tremblante initiée qui l'occupe le bouquet poissard de leurs égrillards hommages, et, radieux fantoches, reviennent vers le bal. Quelque vierge de la culture maraîchère, lis sur champ d'échalote, les y attend peut-être, qu'ils seront tout fiers, à leur tour, d'exposer, en tenue de nuit d'hymen, aux garçons de vingt ans, en grande liesse, accourus à leurs épousailles.

La petite mariée parisienne n'a pas à subir la bizarrerie inconvenante de ces procédés. Venue en le même coupé que l'époux, — car dès le *oui* solennel les élus aujourd'hui s'accouplent, — elle se rapproche de lui, les nappes du festin à peine retirées, et se livre à son bras dès les premières mesures de la danse. Ce qu'ils se murmurent en tournant, sur le rythme sautillant des polkas, c'est le complot de l'évasion. Au plus fort du quadrille, l'attention des invités distraite, ils échappent à la tyrannie d'une observation goguenarde. Ils s'enfuient, heureux et furtifs, sans attendre le signal maternel; car c'est fini des recommandations *in extremis* des mères trop précautionneuses à qui les filles devaient dire, rougissantes : « Fais pas de gestes, maman, on nous regarde! » C'est fini du tragique *lamento* dont le gendre subissait l'émotion dans son gilet de piqué blanc : « Je vous donne un trésor, mon gendre, ne le gaspillez pas ». Le « Enfin seuls »! ce cri de sincère délivrance, se prononce sur le seuil même du restaurant, quand la noce atteint à son paroxysme d'allégresse dans la frénésie d'un pas de quatre un peu corsé. L'ouvreur de portières, la casquette à la main, est l'unique témoin de ce départ, qui, dans la nuit, sur le boulevard désert, piqué des pointes de feu de rares becs de gaz, a quelque chose d'un enlèvement.

Le fiacre roule. Pelotonnée sur le bras de l'époux, elle s'abandonne dans un geste d'une pudeur frileuse. Et lui, béatement, sourit, et ces mots lui reviennent, si tant est que Musset ait meublé son souvenir : « Je t'emporterai dans ma mante, comme un enfant qui dort... »

La noce, très égayée, ne s'aperçoit point d'abord de la fuite des nouveaux époux. Elle s'achève au son des crincrins. Chacun de plus près serre sa chacune. Il flotte dans l'air un troublant parfum d'hyménée. Dans la langueur des valses, les demoiselles d'honneur font aux garçons d'honneur des confidences qui démontrent la contagion de l'amour. Les noces sont de grandes marieuses, à Paris, quand elles dansent.

LES BALS DU 14 JUILLET

Un homme embarrassé, ce fut, il y a une quinzaine d'années, le préfet de police. Il a, entre tant d'attributions, la charge du maintien de l'ordre dans les divertissements publics. Il lui fallut classer, sous une rubrique particulière, les bals de la rue autorisés les jours de grande liesse et le 14 juillet. Tout bien réfléchi, il n'en trouva qu'une : « bals champêtres ». Considérer comme champêtres des bals donnés si loin des champs, le qualificatif était paradoxal! Au vrai, il était d'une propriété rigoureuse. La rue parisienne, quand elle danse, revient à l'idylle et à la pastorale; la grande cité, que les ménétriers enchantent, se fractionne en innombrables petits villages dont c'est comme l'assemblée, avec mâts de cocagne, jeux pour les filles et les garçons, tirs, massacres, chevaux de bois, fanfares et bal en plein air.

On croyait le bal fini, et le 14 juillet lui doit de survivre. La fête nationale n'existe que par lui qui en est le boute-en-train. Toute l'activité ingénieuse de ce jour commémoratif, en lequel l'esprit de commémoration entre pour si peu, se résout en quelque trois cents sauteries. L'enthousiasme s'est émoussé sur la cuirasse du déjà vu, l'indifférence des adversaires de la fête publique ne révolte plus le zèle de ses défenseurs ; les souscriptions sont faibles, les allocations réduites ; le décor s'appauvrit un peu plus chaque année ; les drapeaux usés ne se remplacent plus, et la tiédeur va jusqu'à oublier au grenier les couleurs que réclame la fenêtre. Ce jour férié par ordre aurait la tristesse des joies de commande si la danse ne venait à son secours. Elle ne saurait lui rendre la pompe et l'éclat. Elle n'y vise point. Elle ne tient qu'à lui donner une apparence de vitalité par une allégresse aimable et familière. Elle lui prête la franchise de sa belle humeur et le charme de sa bonne grâce. Et cela sans pose, ni flafla, sans luxe, dans une mise en scène de chef-lieu, avec on ne sait quoi de villageois dans le pavoisement et de champêtre dans le plaisir.

« Le peuple chante, il paiera », disait-on. Est-ce bien sûr ? La chanson est frondeuse et plus d'une fois a signifié que le peuple chantait, parce qu'il ne voulait plus payer ; mais il paie encore quand il danse. La danse, c'est la joie pour la joie, l'expression normale de l'ivresse ; ce sont chagrins et soucis pour un moment emportés dans l'allégresse des rythmes et le vertige des tournoiements. La colère peut chanter ; danserait-elle ? Quand le *Ça ira* réglait la cadence des pas en 1790, il n'était encore qu'une ronde anodine ; lorsqu'il devint farouche et sanguinaire, les bouches le criaient, les pieds ne le dansaient plus !

Le bal de rue, retour naïf et spontané aux divertissements des premiers âges, ne pouvait qu'être l'expression intense d'un sentiment de joie vraie; il ne pouvait naître qu'à une de ces heures, si rares en l'histoire des cités, où les hommes, ne se sentant plus étrangers les uns aux autres, pénétrés d'une émotion fraternelle, communient en espérances. Ce fut, en effet, l'origine de ces bals de rue. A présent, sans le même mobile, ils se perpétuent par la poussée de la force acquise. Trompés par des similitudes, on leur prête une naissance historique. Ils seraient, dit-on, à travers le temps, l'écho fidèle des danses que la Révolution menait sur la Bastille en ruines. Par un mirage, que l'estampe populaire a créé, il semblerait que nos contemporains ne sautent au fameux anniversaire que parce que fut tracé sur un écriteau, il y a un siècle : « Ici l'on danse ».

La vérité a moins d'ornements. Une raison suffirait à déchirer les parchemins qu'on prête aux bals du 14 juillet : leur naissance s'inspira si peu de la prise de la Bastille qu'elle est datée d'un 1er mai. Ils sont réapparus, non en souvenir du passé, mais pour la joie du présent, parce que les cœurs triomphaient, que les mains se cherchaient dans la douceur des étreintes, en la rue soudain embrasée ; parce que Paris en deuil était redevenu Paris en fête et que, de ce jour, la France reprenait dans le monde la place qu'elle avait pu quitter, qu'elle n'avait jamais perdue.

Que de choses dans une polka ! Pensez-vous que c'en soit trop mettre? Rappelez-vous : c'était le 1er mai 1878. L'Exposition universelle ouvrait ses portes timidement. Quoi ! pas un lampion, pas un drapeau, rien qui souligne l'orgueilleuse satisfaction d'un pays, à huit ans de ses désastres, donnant rendez-vous à l'univers ! Un mot d'ordre circule dans le Sentier, sur les boulevards, dans les faubourgs qui fondent tant de rêves sur les assises de la paix et du travail. Alors, les trophées de s'improviser, les lanternes vénitiennes, comme des milliers de vers luisants, de surgir. C'est un ruissellement de couleurs et de lumières, une féerie, un enchantement. On marche en un songe, radieux, émerveillé !

La foule s'est répandue au dehors, sur les places, dans les rues, où les verres se choquent, où les cris jaillissent, où les rires fusent. On s'interpelle sans se connaître, vite, en confiance. Des bandes s'enchaînent, bras dessus, bras dessous, qui chantonnent et farandolent; car c'est le propre de ces communes ivresses d'éveiller la gaîté des pas. Un vieux joueur d'orgue, place du Caire, est bloqué par cette marée humaine inattendue. Vainement il cherche à dégager sa boîte musicale que battent les vagues de la foule. Une poussée l'accule et l'emprisonne. Alors une pensée lui vient : s'il jouait? Son cylindre n'est point riche en timbres nouveaux. Il déroule le *Chapeau de la Marguerite* et les *Roses*. — Ces capiteuses *Roses* de Métra. Qu'importe ! En avant la manivelle ! c'est un air de danse. Si grêle qu'il soit, les premiers couples l'ont entendu. Ils s'enlacent aussitôt et tournoient, puis d'autres électriquement gagnés, d'autres encore, d'autres toujours. Le bal s'étend, se propage. Il emporte dans un tourbillon fou, fleuristes et plumassières, cartonnières et modistes, aux bras des amoureux, aux bras des inconnus, échevelées, souples, rouges d'émotion et criant : *bis* à la ritournelle. La nouvelle se répand qu'on danse, et les unes et les autres d'accourir danser aux sons essoufflés de cet orgue dont l'asthme ne s'apaisa qu'au soleil levant.

Tel fut, depuis la révolution, le premier des bals dans les rues de Paris.

Au 30 juin suivant, qui dépassa les rêves les plus présomptueux des conteurs de l'Orient, on se souvint du bal improvisé. L'ingéniosité locale, opulente par les oboles prodigalement versées, entre diverses attractions qu'elle méditait, répéta ce bal mieux qu'avec des orgues vieillots : avec des orchestres montés sur des estrades, à la bonne mode antique et paysanne qui juchait les ménétriers sur des tonneaux. Trois ans plus tard, décrété fête nationale, le 14 juillet, sur le programme des réjouissances, trouva le bal ou plutôt le retrouva. Il le connaissait du Champ de Mars, où les travailleurs, en 1790, s'employant aux préparatifs de la Fédération, se livraient, sous une pluie aussi incessante qu'inopportune, à des rondes qui confondaient, avec toutes les mains, tous les rangs et tous les états. Il le connaissait de la Bastille renversée dont Palloy, un peu bien longuement, trafiquait des restes ; car, la nuit du premier anniversaire, il avait suffi d'écrire : « Ici l'on danse », pour que, bannissant toute angoisse, au bénéfice des nouvelles chimères, on dansât. La Révolution avait mis le peuple dans la rue, et dans la rue, ce grand enfant, éduqué par Jean-Jacques, féru de plaisirs rustiques, soulignait les triomphes, dont il avait grand soulas, en dansant. À un siècle de distance, sans songer qu'il se répétait, cette ivresse candide l'avait ramené aux mêmes gestes joyeux et spontanés : il avait sauté de joie le 1er mai ; le 14 juillet, il ferait de même, dans un décor, cette fois approprié à son plaisir — et semblant danser à l'anniversaire de la prise de la Bastille, comme avaient dansé ses aïeux.

Mais cette note rétrospective n'entre en rien dans la progression du bal et dans sa durée. Il demeure, parce qu'il est le plaisir sans contrainte, accessible à tous par sa gratuité ; parce qu'il autorise quelques libertés ou donne certaines licences, et que volontiers, dans les choses d'amour, il s'entremet. Il aurait chance, sous un autre régime, d'afficher une égale vitalité. La prise de la Bastille n'est maintenant pour rien dans la persistance d'une sauterie où les vainqueurs, qui ont moins l'intention de prendre des forteresses que des tailles, s'estiment en possession du plus important des droits de l'homme quand leurs valseuses le leur ont accordé.

La politique qui, le 14 juillet, éveille les flonflons est celle des marchands de vins : politique profonde. Elle calcule qu'en poussant à faire de la poussière on fera de la soif, et que des pots se humeront innombrables aux comptoirs pourvus de toxiques. Le père Colomb, de l'*Assommoir*, remplace David pour l'ordonnance des fêtes nationales. D'une imagination courte, entendu en ses intérêts, il a borné le programme des réjouissances au bal devant sa porte, où se localiseront le bruit, les lampions et l'entrain.

Un temps, il se croyait tenu à soigner la mise en scène. Les mâts s'érigeaient enguirlandés, reliés par des motifs de flammes et de verdure. L'estrade se rehaussait de la pourpre des velours frangés d'or. La pénurie des souscriptions, en le simplifiant, a rendu au décor de la rue son charme agreste. L'échafaudage élémentaire se compose de quatre pieux festonnés de lampions; la nudité des bois, que le rabot n'a pas même blanchis, dit sa maigreur sous de modestes jupes d'andrinople. Sur ce socle se hisse un orchestre tapageur recruté au « Petit Carreau », chez J.-B. Clair, qui tient débit au coin de la rue Réaumur, ci-devant Thévenot, à l'enseigne du « Drapeau libérateur ».

Un papyrus daté du IVe siècle de notre ère nous dit qu'il en était de même en ces temps éloignés. Nous y voyons qu'un Égyptien, maire de son village, préoccupé de célébrer avec éclat la fête du pays, s'adressa à un loueur de musiciennes : « Envoie-nous, je te prie, dans notre village la danseuse Tzaïs et une de ses collègues; elles resteront chez nous quinze jours; elles toucheront un salaire de 36 drachmes par jour et recevront en outre quotidiennement trois boisseaux d'orge et quinze pains. » J.-B. Clair tient de nos jours le même article, hors les joueuses de flûte qui se demandent au Conservatoire. La jolie Tzaïs dépend de M. Dubois. Mais M. J.-B. Clair est assorti en éléments masculins. Comme son compère inconnu de la vallée du Nil, il est l'intermédiaire indispensable entre les municipalités de banlieue en quête d'un orchestre à bon marché et les comités locaux ambitieux d'avoir des *Marseillaises* au rabais et des *Hymnes russes* au plus juste prix. Ce débitant n'est pas moins précieux aux nombreux professionnels qui tirent d'instruments, pour la plupart en cuivre, toutes les notes de la gamme — et même quelques-unes de plus. Ils n'exigent guère, et se contentent de peu de pain pour beaucoup de son. A la fête nationale, leurs prétentions toutefois s'enflent autant que leurs joues. Il faut mettre dans les cent cinquante ou deux cents francs pour un flageolet, deux pistons et une basse. Ces artistes joueront les trois jours. A défaut de génie, ils apporteront dans le tapage une belle conviction, en laquelle les litres bus ne les pourront que fortifier. Car ils boivent sec; un petit coup dans la tête aide à monter la gamme, si ça gêne à descendre l'estrade. Ils feront de leur mieux; si l'accord n'est pas tel qu'il conviendrait entre le piston et la basse, la bonne harmonie ne s'en trouvera pas atteinte. Au reste, on ne leur demande que de jouer souvent, et surtout des polkas; c'est simple et à portée des premières jambes qui passent.

Quelques bals subsistent — soyons précis — dont les artistes sont en nombre et bien recrutés. On les voit à la Bourse, au Temple, ou encore sur le terre-plein de l'Opéra. Jadis, ce dernier orchestre, le 14 juillet, descendait en corps de l'Élysée-Montmartre, conduit par son chef, le vieux Dufour.

Luxueuse exception. On saute partout à moins et non moins,

mais dans son quartier. A quoi bon courir au loin chercher ce que l'on a chez soi, dans sa rue, à l'aise, en pantoufles si l'on veut, et tête nue? Puis, c'est une manière entre voisins de se lier, de se connaître. On se coudoie toute l'année, on se regarde, on ne se dit rien. On n'est pas des ours, mais on a le voisinage farouche. L'occasion est bonne de se rapprocher : « C'est bien vous qui êtes au troisième sur le derrière? Je vous rencontrais souvent chez l'épicier, et je me disais : V'là une dame qu'est dans le cartonnage! » Durant les polkas écourtées, les curiosités contrôlent les remarques; durant les valses brèves, les désirs s'insinuent, les audaces se faufilent... « Je vous ai vue parfois à votre croisée, car je demeure là, en face; vous êtes toujours triste? — Je m'embête, vous comprenez, seule avec maman. — Je comprends. » Il comprend si bien, qu'elle ne valsera qu'avec lui qui l'a comprise. En sueur, les orteils meurtris, chagrinés, ils verront naître l'aube : « On redanse demain, vous viendrez? — Et le travail? Si je n'allais pas à l'atelier, je serais capable de le perdre. » Elle se défend d'en courir l'aventure — comme se défendit la Bastille, qu'il suffit d'attaquer pour qu'elle se rendît.

La facilité des accords au son des cuivres est grosse de conséquences sociales. Des amours s'ébauchent dans cette atmosphère de fête, plus soucieux de courir à l'épilogue que de s'attarder à la préface. La griserie de l'heure monte au cerveau, la valse fait le reste; car les cœurs sont bien près de s'entendre quand les doigts ont fraternisé.

Petites forteresses, prenez garde, c'est aujourd'hui que les forteresses se rendent! Il n'est que des complicités pour leur chute. La longueur inusitée de la veillée, sous le ciel clément, illuminé de lanternes et d'étoiles, — et dont on ne voit que les lanternes, — la cohue aux joyeuses rumeurs battant de ses ondes humaines les tables qui s'émancipent jusqu'à la chaussée libérée des fiacres, est charmante et pernicieuse. L'invite est pressante à jouir d'un instant dont on sait le charme si éphémère que la durée d'un lampion le limite. Les libertés permises, par une suite logique, inclinent vite aux privautés, les compliments aux aveux, les petits soins aux étreintes. Quand on sait le bonheur si fugitif, la familiarité n'a pas le temps de s'établir, qu'elle en est déjà aux caresses.

La statistique soupçonnait les pistons de carrefour de contribuer au relèvement de la natalité. Elle a fait des calculs. Elle assure qu'avril n'est si fécond que depuis que juillet est férié. D'autres preuves en furent faites par de publiques amourettes que le scandale clôtura et dont on sait qu'elles sont nées, un jour de fête nationale, à des bals où se rencontrèrent les cœurs sur le pavé. L'assassin de Mme de Montille, Pranzini, s'abrita, sanglant de son triple meurtre, chez une vieille maîtresse. Une valse, un 14 juillet, qui les avait jetés aux bras l'un de l'autre, jusqu'à l'échafaud, les y laissa, pâmés.

C'est l'inquiétant de ces sauteries tricolores : l'idylle fleurie, sur l'asphalte, côtoie toujours d'un peu près le ruisseau. A mesure que la nuit s'avance, la pureté familiale s'altère. Quand s'est écoulé le vin, honnête et franc, la lie demeure : ainsi de ces assemblées de hasard. Leurs groupes, vers deux heures du matin, présentent un mélange équivoque, dans le centre surtout; la pègre, quittant son ombre coutumière, y frétille dans la franchise de sa hideur, au soleil prolongé d'une nuit qui ne dort pas.

La dégénérescence s'indique par degré, à mesure que la journée s'achève, et c'est dommage. La danse est si doucement accorte, l'après-dînée, quand les grandes sœurs, dans la ronde, entraînent les tout petits; quand les couples tourbillonnant, avant de s'enlacer la taille, se tiennent les mains; quand les quatre-vingts kilos de la patronne s'abandonnent aux seize ans du commis; quand le pipelet, qui a gardé son tablier, fait la politesse d'une mazurka à la bonne du second, qui n'a point quitté son bonnet. La danse est si avenante aux premières lanternes, après l'extra d'un dîner à trente-deux sous, où l'on se grise moins du vin en carafe que du bruit de la rue égayant la kermesse des tables vêtues de nappes blanches, alors que vous gagne la griserie du mouvement qu'on sent naître en soi! Mais on est encore entre gens de bien qui se coudoient sans alarmes. Quelques bals de quartier ont le privilège de conserver, jusqu'à extinction de trombone, cette humeur badine et décente, tout aux plaisirs dont rien ne les détourne.

Un jaloux en 1897, rue Coquillière, tue sa maîtresse dans les bras de son rival. Elle tombe, mourante; on l'emporte. Le bal, à peine interrompu, reprend; les danseurs se bornent à éviter la flaque de sang, lac rouge qui reflète l'enlacement voluptueux des amants éperdus. La tragédie n'atteste que l'amour; il est de tous les plaisirs où les sexes se confondent, fût-ce au bal champêtre. Il se rencontre, gracieux, à ce bal de la Bourse, si fréquenté des musettes de la mode, qui s'achève bourgeoisement, en famille, sans la contrainte des douteuses promiscuités. Là, les fillettes, qui ont fait un brin de toilette,— — oh! un rien, une fleur de plus, un ruban, — attendent les cavaliers, à côté des mamans, qui, pour faire tapisserie, ont les marches du péristyle. La veillée se prolonge, jusqu'à la minute des adieux, aussi correcte. Les liaisons ébauchées à ce bal, devant le tricolore des drapeaux, auront chance de se terminer devant le tricolore des écharpes.

Tout est bien qui finit comme une comédie de Scribe. Mais la rue est d'ordinaire moins attachée aux formes poncives du vieux répertoire. Elle a ses oiseaux de nuit. Quand la lumière du 14 juillet les aveugle, où vont-ils? Gagnés par l'exemple, ils dansent, mais dans chaque quartier. Ils font à un bal particulièrement l'honneur suspect de leur présence ; ceux du quartier général des grands boulevards savent les gigolettes attirées sur la place de l'Opéra. Le bal est éblouissant. L'électricité lui brode, avec ses joyaux, des festons, des girandoles, des astragales. De jolies personnes s'y attardent, comme au décor de leurs mille et une nuits. Des gardénias, qui ont interrompu un boston au cercle, se mêlent, en passant, à la foule. Il est peu chic de se montrer là : c'est histoire d'y trouver la fleur du Moulin-Rouge, les reines du quadrille se mêlant au populaire. Grille-d'Égout et la Goulue, la Tour-Eiffel et la Môme-Fromage pavoisent à leur façon qui est de faire flotter, à l'air, les couleurs de leurs dessous. Elles donnent, sur la place publique, une manière de représentation gratuite : le grand écart pour rien et la vue des décors à l'œil. Valentin-le-Désossé est de la réunion. Grand, maigre, impassible, pressé des bacchantes, il fait penser au dieu du groupe de marbre que Carpeaux sculpta, et devant lequel le délire de cette danse se convulse. Que Valentin est beau quand la Goulue et ses sœurs, pour la dernière figure, osant un audacieux retroussis, il les désigne, en disant : « Ces demoiselles illuminent : Messieurs, voici les ballons ».

Le quadrille naturaliste ne fait qu'une apparition. Les étoiles filent sur le coup de minuit. Le trottoir reste à qui le veut, à peine sillonné par les occupantes habituelles. Le bal redevient un quelconque Dourland que fréquente la domesticité affranchie — les maîtres ayant fui une fête si mal portée. La basse pègre qui renifla vers les dessous cossus des salariées du quadrille, évaluant les revenus possibles de ces dentelles frivoles, s'est retirée, la place étant trop ouverte et trop claire pour des fauves d'ordinaire terrés. Obliques, et le pas pesant, ils s'en sont allés au carrefour Drouot, le temps de voir; mais c'est au faubourg Montmartre qu'ils se sentent chez eux, sous l'œil paternel des agents, gagnés à la liberté, la consigne lâchée, comme aujourd'hui le ceinturon.

En « culbutant » équivoque, en tricot de laine rayée, ceinturés de flanelle voyante, camelots et souteneurs, coqs de trottoirs, terreurs de boulevards, sont les princes du pavé de bois. Ils ont édicté, selon une coutume tyrannique, en passe d'avoir force d'habitude, que tout fiacre serait basculé dont le cocher ne saluerait point leur souveraineté crapuleuse. La victoire de la liberté n'a encore trouvé, pour s'exprimer dans un acte symbolique, que d'attenter à la liberté par le bon plaisir. Ces messieurs ne dansent pas, si ce n'est au quadrille, où ils se permettent des cavaliers seuls d'une acrobatie étourdissante; mais ils chahutent, lâchés dans la fête, comme des dogues dans un jeu de quilles; cognant des biceps, du talon et de la croupe; donnant tête basse du même geste, dont ils défonceraient un pante, les reins assis, les épaules faisant balanciers et béliers les coudes. La plainte douce des molestés appelle les grognements féroces des agresseurs... « De quoi? on rigole!... » Et leurs rires éclatent, terrifiants et niais. Leurs pattes hideuses emprisonnent des tailles de jeunes filles; leur galanterie épaisse taquine d'invitations équivoques l'ouvrière qui s'apeure. Si, trop novice, elle tombe au piège et s'abandonne au loustic sinistre, il y a de la joie aux tables où les autres sirotent des alcools abrutissants, avec la dignité qui sied à des gens qui ont chignon sur rue.

Aujourd'hui, pour le négoce d'amour, c'est chômage forcé. Le 14 juillet, la recette est nulle. Le « Ici, l'on danse » des bals en plein vent fait tort à l' « Ici l'on aime » des sérails publics. Comme ces messieurs, leurs dames sont de férie.

Par scrupule, elles ont bâillé à attendre les pochards qui viendraient célébrer, frivoles, la prise de la Bastille dans le costume de son génie ; mais à l'heure d'éteindre les lustres au salon, elles ont vivement passé un jupon ou un peignoir, et couru au bal prochain, dont les échos venaient mourir aux lames des persiennes closes. Le rendez-vous coutumier est le faubourg Montmartre, où le petit homme a ses petits amis. Flanqués de duègnes avachies et parcheminées, s'y rendent les troupeaux de ces jolies filles. On les voit arriver sur le coup de trois heures du matin, demi-vêtues, sans corsets, les yeux faits, la bouche peinte, les cheveux chimiquement blonds, et tels que le traversin les dérangea.

Leurs têtes d'enfant gardent cette expression d'impassible dureté qu'on voit aux cruelles idoles. Sur l'assemblée, elles promènent un regard métallique, d'où toute flamme de joie est morte ; puis la troupe s'assied aux tables, que pourvoit le commandement de « mademoiselle ». De différents côtés, par six ou sept, un peu plus vieilles ici, ou là plus jeunes, elles avancent, avec l'air automatique et contraint d'un pensionnat en promenade. Pour la valse, deux par deux, elles se lèvent, s'enlacent, leurs poitrines s'écrasant. A pleins bras, serrées, elles tournent. Et l'on ne saurait rendre l'impression de dégoût d'une brune, repoussant l'invite inopportune d'un cavalier : « Oh ! non, pas d'hommes » !

C'est une tradition. Chaque 14 juillet, elles tombent là, un peu avant l'aube, comme des abeilles qui essaimeraient. Les ruches sont à proximité et qui vit de leur miel, saura leur en faire, à temps, reprendre le chemin. Les essaims ne se mêlent ni ne fraternisent. Elles feignent de s'ignorer et demeurent entre elles, — sans compagnon que, parfois, quelque adolescent très pâle, la lèvre estompée d'une naissante moustache effilée courte, et déjà tondu ras comme un guillotiné; des bookmakers le connaissent; un camelot le tutoie, et c'est une de ces dames qui paie sa consommation...

Quatre heures. L'aurore point. Les cuivres las retrouvent l'énergie des trompettes de Jéricho pour lier, à la dernière polka, les notes mélancoliques de la retraite. Une suprême clameur, hurlante mosaïque d'appels, de cris, de bravos et de trépignements, s'élève. Ce sont les palabres des séparations et des retours; c'est la dispersion, au vent frais du matin, par les rues qui ont essayé de dormir; c'est l'arrière-garde de la vadrouille, les traînards du plaisir, éclopés, le teint vert, sordides et poussiéreux. Derrière quelque lampion éteint, décroché d'une devanture, et brandi au bout d'une canne, ils s'en vont, se trémoussant encore, aux accents d'un orchestre qui n'est plus que dans leur esprit en lequel persiste, somnambulique et lancinant, le souvenir du rythme cuivré des polkas de bastringues.

LES BALS MUSETTES

   Hé! youp la la, vive la guinguette !
   On y mange du lard et des choux.
   On y danche au chon de la mujette,
   On croirait que nous chommes chez nous !
      You !

  Ainsi chantaient les fils de l'Auvergne, jadis, en se rendant aux bals musettes, le samedi ou le dimanche soir. Un préfet vint, c'était M. Camescasse, qui, à la suite d'incidents, — et quelques agents ayant sans doute confondu les bouges et les musettes, — ferma ces dernières. On les accusait de scandales... On disait — « des médijanches, Môchieu » ! — qu'entre deux bourrées de coups de poing on s'y bourrait. Comme si, entre Auvergnats, un coup de poing de plus ou de moins tirait à conséquence ! « Piarre, déchire la peau chi tu veux, bougri, mais ne déchire pas la vechte. » Les Auvergnats ont protesté.

Ce n'étaient pas eux, les robustes montagnards, qui faisaient du scandale, mais des étrangers mêlés à leurs ébats qui les troublaient. Quand on n'était qu'entre pays : pas d'autres bruits que ceux de la musette et des talons solidement ferrés frappant le plancher en cadence.

L'Auvergnat, qui fait à Paris de rudes métiers, n'y vient qu'avec l'espoir de n'y point demeurer. Porteur d'eau, — avant l'eau à tous les étages, — commissionnaire, charbonnier, poseur de carreaux, garçon de magasin, frotteur de parquet, marchand de marrons : dans la grande ville, il reste fidèle à sa montagne. Il travaille d'arrache-pied, ne boude point sur les plus pénibles besognes, ambitieux d'arriver vite, pour, la pelote faite, retourner, s'il le peut, au cher pays quitté. Il vient chercher à Paris le moyen de vivre heureux — en Auvergne. On vante l'attachement du méridional pour sa petite patrie, ou plutôt le méridional s'en vante et non sans tapage, car il est faiseur de bruit, sonore et mouvementé. Combien est plus profond, quoique plus discret, l'amour de l'Auvergnat pour son clocher! Change-t-il quelque chose à ses coutumes où le hasard des situations le conduit? Se modifie-t-il par l'imitation? Se laisse-t-il assimiler? Se fond-il? Il reste Auvergnat par ses goûts, par son accent, par son allure. Il n'épouse point les habitudes d'un monde qu'il n'adopte pas. Il y a des paysans qui perdent leur couleur de terroir, qui se naturalisent et deviennent des gens quelconques, qui sont comme de partout et de nulle part. Quand on est de Saint-Flour, voyez-vous, c'est pour longtemps. L'Auvergnat reste enfant de l'Auvergne : s'il se fixe ailleurs, ce ne sera que pour les petits qui ne trouveraient pas au pays l'éducation qu'il se flatte de leur faire donner, la position que son orgueil solide et naïf rêve pour eux. Mais célibataire, ou bien les petits une fois casés, son rêve est de retourner vers ce Cantal ou ce Puy-de-Dôme d'où il est venu. A-t-il jamais combiné d'autre plan que d'acheter, sur ses économies, certain champ qu'il connaît bien, à l'ombre des châtaigniers?

Partageant les mêmes idées, parlant le même patois, exprimant les mêmes désirs, on se rencontre entre soi, chez un pays, établi cabaretier. On s'assied au fond de la salle. On boit un gros vin, un vin bleu, originaire du patelin, ou ces alcools citadins et ces grogs qui semblent unir la force à la douceur, puis la langue se délie, les souvenirs reviennent en foule, si chers à l'exilé volontaire. Un pays, juché quasi au plafond, a une musette, il en joue : c'est plaisir de l'entendre! Que d'images il éveille au son nazillard de son instrument! C'est comme une bouffée d'air natal. C'est toute l'enfance qui se déroule sur un rythme autant familier au cœur qu'à l'oreille. Spontanément, les pieds battent la mesure, les bras de Pierre entourent la taille de Pierrette!...

Quel mal a-t-on fait? En quoi l'ordre a-t-il été troublé? En quoi a-t-on blessé la morale? A peine, du dehors, le tympan frappé par une note criarde et prolongée qu'un bruit de galoches accompagne, les profanes ont-ils eu soupçon qu'on dansait là. Quelle guerre pourtant faite jadis à ces humbles bals musettes! Contre eux, police et société des auteurs et compositeurs se liguèrent. C'est fini de cette lutte, mais il n'a pas fallu moins, pour assurer ce triomphe, de toute la patience auvergnate, si tenace.

L'erreur était le résultat d'une confusion. Le vrai bal musette, cette réunion dansante, animée d'un esprit confraternel, villageoise et d'une couleur franchement locale, sur quelques points avait dégénéré. Plus de deux cents lanternes à la devanture de troquets, d'aucuns fort louches, portaient cette mention anodine : *Musette*, quand ces bals n'avaient de musettes que le nom.

Dans les primitives réunions des enfants du Cantal s'étaient insinués de méchants drôles, devant eux poussant un élément féminin de mœurs suspectes. On avait regardé les intrus d'un mauvais œil, puis on s'était chamaillé, et de solides épaules, non sans bris ni tumulte, vous avaient jeté dehors les étrangers. En quelques places, toutefois, par la vertu du nombre, la seule qu'ils eussent, ceux-ci étaient restés vainqueurs. Des patrons, dont la boutique était contiguë à l'hôtel où ils logeaient à la nuit, n'avaient pas trop médit de cette victoire, envisageant le bénéfice des rapides couchées qui terminaient les branles. On dansait dans l'arrière-boutique, et si le désir s'y allumait, le patron, tenant la chandelle, conduisait au premier les danseurs qui trouvaient, sous un verrou complaisant, toute licence. La musette dégénérait en bouge; la luxure y tenait état, escortée de ses ordinaires chamailleries et rixes. Elle armait les doigts des mâles exaspérés, faisait flamber les prunelles de rut et de convoitise, et zébrait souvent de l'éclair des couteaux la lumière louche de l'arrière-salle. Les bouteilles, qui se brisaient aux mains des combattants, devenaient meurtrières, et, parfois, l'ivresse du crime, dans une même flaque, éclaboussant des êtres louches et des tables boiteuses, mariaient la pourpre violacée de la vinasse répandue au sang des hideuses entailles.

Trahison de l'idée première, ces quelques musettes dégénérées s'abritaient sous une menteuse étiquette. L'Auvergnat les allait fuir, cédant la place aux envahisseurs, souteneurs et prostituées. Il rouvrait plus loin, à l'écart, dans un local plus jalousement clos aux intrus, le bal qui ne serait point le bastringue, où l'on serait entre pays, propres et sûrs, et où les mains les plus noires ne seraient pas les moins nettes.

La fâcheuse impression subsista longtemps. Longtemps

l'autorité feignit de croire que la musette était synonyme de disputes et de coups de poing. Elle s'obstina à ne pas distinguer entre le bal de bas étage, où la prostitution clandestine s'ébattait, et ces réunions familiales où le rire était décent, le plaisir courtois, et la gaieté grasse mais saine. Les infortunés Auvergnats, menacés de la privation de leur distraction favorite, s'émurent. Une pétition circula parmi eux, que des signatures sans élégance de travailleurs éprouvés, couvrirent. La colonie eut des défenseurs parmi les élus. Le résultat fut tel qu'on le souhaitait. On ferma une cinquantaine de bals compromis, on continua à tolérer les autres. Un préfet de police, parisien d'esprit, se souvint qu'au temps où il était préfet en Auvergne, il n'avait pour administrés que des gens paisibles. Et dès lors, sans crainte, reparut la limousine. Sur l'air du pays, la *Catharina fouchtra* fut chantée encore :

> Grand nigaud, viens donc,
> J'entends la musette ;
> Grand nigaud, viens donc,
> Taper du talon...

Sont-ils deux cents, ces bastringues dits bals musettes ? A peu près. Combien en est-il de bon teint, fleurant franchement la saveur auvergnate ? Une soixantaine environ. Le compte en est facile à établir. On a dit plaisamment que le saint du jour est le syndicat. L'Auvergnat devait le chômer comme les autres. Il y a un syndicat des bals musettes : il a son siège dans la boutique d'un ancien frotteur devenu, faubourg Saint-Martin, cabaretier ; un digne homme, point sot et tout franc. Il fait danser chez lui quatre fois la semaine, dans un espace où la presse des assistants s'étouffe et s'étrangle. Le décor, mon Dieu, ce n'est pas que ce soit sale, mais ça tient de la race ; on n'a pas d'argent à gaspiller en babioles. Les murs de la musette sont nus comme l'innocence.

C'est un fait en contradiction avec ce qu'on croyait savoir de l'âme auvergnate. Dans le commerce du charbon, elle est soucieuse d'afficher sa tendance vers le Beau. Les sombres boutiques où se débitent le coke et le bois à brûler sont les dernières où se poursuit la tradition antique de la fresque. Il n'est si pauvre « charbonniat » s'installant à Paris, qui ne veuille régaler le passant d'une peinture murale dans la manière — mettons des primitifs, ce doit être le plus sûr. Il prie les Puvis de Chavannes du bâtiment de ne s'en point tenir à la lettre moulée, mais de semer les panneaux de la boutique d'allégoriques compositions. Cela veut représenter, avec une simplicité touchante, des coupes de bûche, des stères, des boisseaux garnis jusqu'au faîte, des litres alignés, des billots qu'une hache entame. Parfois, retenus dans des lacs gracieux, les petits cotterets farandolent, comme, dans un tableau de Boucher, les amours. Quand le feu sacré a touché l'artiste, il n'est point rare que son imagination ne l'invite à rappeler quelques sites d'Auvergne : c'est toujours un pont dans la campagne, avec un train dessus, à cause de la fumée dont le panache n'est qu'un jeu pour un pinceau candide. Nous ne retrouvons pas cet amour de la fresque dans les musettes où, pourtant, elle aurait quelque raison de s'affirmer sur la froideur rechignée des parois. L'Auvergnat n'aurait-il le goût des beaux-arts que dans la poussière du charbon ?

Il nous faut prendre la musette comme elle est, sans décor, pauvre de mobilier, par économie du terrain ; avec quelques bancs de chêne où les buveurs s'alignent, à la vieille mode des kermesses. La limousine y fait danser, l'accordéon parfois, la musette souvent. Un violon aussi est toléré en quelques bals auvergnats : mais il n'est qu'un pis-aller. Un vrai cabrettaïre n'en joue point.

Les cabrettaïres sont les ménétriers de ces bals musettes. Si musiciens se dit de qui entend la musique, ils ne sont certes pas musiciens. Bergers en leur adolescence, les aînés leur apprirent, comme ils gardaient les troupeaux, à tirer d'un pipeau rustique, attaché aux flancs d'une outre, des sons limités. L'oreille guida les doigts sur les trous de l'instrument, la coutume fit le reste, qui était l'essentiel. Ils redirent à Paris les airs naïfs empreints, dans leur simplicité, d'une couleur originale et puissante, d'âge en âge transmis. Respectueux du passé, ils se défendirent d'ajouter à ces rythmes qui réfléchissent, indifférents aux métamorphoses des années, l'âme légendaire de leurs montagnes. Leur répertoire n'est que le trésor de la tradition, les airs de trente générations connus — évocations des siècles écoulés, anneaux de l'enchaînement sans fin des générations, boute-en-train des anciennes noces, berceurs des berceaux où l'Auvergne contemporaine, dans la nuit même des temps, s'enfantait.

Frotteurs et bonnes à tout faire, quand la limousine geint, nasillarde, ne rêvent, sans doute, ni si haut ni si loin. Le plaisir de danser en exil, comme au pays, suffit à entraîner leurs pas turbulents. Eux non plus les cabrettaïres, ne cherchent point midi à quatorze heures. Ils font ce qu'ils apprirent à faire; c'est le plus sage. L'ambition d'innover les prend quelquefois. Mais leurs doigts se refusent, quelque application qu'ils y mettent, à arracher à leurs pipeaux les refrains momentanés de la rue. Aussi fut-elle injuste la querelle de la Société des auteurs et compositeurs frappant de droits un répertoire qui, par essence, est rebelle à tout ce qui n'est point la tradition. Un cabrettaïre est prisonnier de l'éducation de son enfance montagnarde :

le séjour de la ville n'amplifie point cette éducation. Il a sa manière propre sur un thème donné. L'habitude l'a façonné et instruit ; et ce serait le dérouter que de lui demander de seulement s'accorder, fût-ce avec un autre cabrettaire. Un violon qui n'est pas d'Auvergne, en sourdine, peut broder un dessous léger à l'air local que souffle la musette ou la limousine : au delà, le bonhomme s'embrouillerait. Déjà, si les pieds ne vont en mesure, désorienté, il se hâte de les ramener à la cadence, en frappant lui-même du talon. La véritable musique des danses auvergnates, c'est le pied de l'Auvergnat. La bourrée ne se danse pas : elle se frappe.

Moins cependant qu'elle se frappait. On a condamné l'excès du bruit, dont surtout, dans le centre, se plaignait le voisinage. Le rythme du talon se perçoit à peine. Pourrait-il dominer, le voulût-il, la note déchirante de la musette? note ininterrompue, dont la monotonie violente exaspère toute oreille à laquelle elle ne rappelle rien. Le musicien juché à mi-hauteur du sol et du plafond, sur une estrade, est payé pour faire du bruit sans repos ni trêve. Quand, jadis, de son souffle, il animait l'outre, c'était pitié que sa peine. Il s'est enquis d'un moyen qui l'exonère de ce pénible exercice. Un soufflet, attaché à sa ceinture, et que son coude actionne, gonfle sans cesse la limousine, dont l'air s'évade, cruellement harmonieux, par les trous des pipeaux. Ainsi soulagé, il est inlassable; la valse sous ses doigts succède à la mazurka et la polka piquée au pas de loup. De bourrée, à vrai dire, point. Les quadrilles? Qui y songerait? Les danseurs se meuvent dans un espace qui refuse aux plus discrets ébats toute élasticité. Dix à vingt couples — c'est la moyenne — se trémoussent en se gênant. Ils tournent cinq minutes, légers infiniment, ces lourdauds, dessinant du pied de coquettes arabesques, beaux danseurs, ma foi. La musette se taisant, ils allongent leurs deux sous et la danse reprend, après cette courte trêve, qui a permis de souffler et surtout de faire la recette. Le bal musette est encore sous le régime des danses séparément payées. Le plaisir revient bon à qui saute la soirée pleine.

Le public de la musette n'est-il qu'auvergnat? Dans les quartiers populaires, à La Chapelle, et surtout à la Bastille, dans la rue Lappe et le passage Thiéré, les fils de l'Auvergne sont là entre eux. Dans le centre, un mélange s'opère. L'élément masculin vient de la montagne : il est de bon aloi; ce sont gars solides et francs d'esprit. Les filles sont moins nombreuses qui peuvent se vanter être d'authentiques payses, hors quelques vigoureuses montagnardes aux croupes élues pour les fécondes nichées, et dont l'anémie — ouvrière de mort des grandes villes — n'a rien pu contre le carmin vermeil des faces de pleine lune.

La grisette d'atelier, qui n'ose, timide ou trop mal fichue, aller au bal public, se glisse dans la musette bon enfant, où les danseurs n'y regardent point de si près. Ils enlacent la première fille qui, dans leurs bras, consent à remplacer la brosse avec laquelle, sur les parquets à cirer, ils dansent à douze sous l'heure.

Qu'advient-il de ces rencontres fortuites? L'amour, à ce jeu, trouve mieux son compte que l'hymen. Auvergnats et Auvergnates n'échangent pas, pour la première fois, dans ces idylles les serments qui engagent. Ce n'est pas à la musette qu'on se courtise : elle manque de mystère et de solitude. Les accordailles y sont possibles, mais brèves et sans conséquence. Un Auvergnat fait mentir le proverbe, sur ce que les Auvergnats ne sont pas des hommes, avec une payse, qui n'a pas attendu de venir à la musette pour le savoir. De là, un moment, l'alcôve attenant au bal, dont la pudeur officielle interdit l'accès direct Le bal peut être aujourd'hui contigu à l'hôtel, à la condition qu'une porte intérieure n'y communique pas. Considérez que le désir a su vaincre des difficultés plus insurmontables.

Les joueurs de musette, les cabrettaires, tiennent des maîtres sonneurs, prolétaires comme eux, qui font de l'art leur passetemps. Ils peuvent dire avec un poète ouvrier : « Mon travail ne prend pas un instant à ma Muse; ma Muse ne prend pas une heure à mon travail. » Ce sont des garçons de magasin ou d'hôtel, et surtout des frotteurs de parquets. Les maîtres sonneurs sont des travailleurs des champs, mais restés aux champs. S'ils viennent à Paris, c'est par occasion, ou parce que le sculpteur Baffier, pour la délectation de la colonie berriaude, les y amène. Dans des bals, toujours de charité, ils font entendre les airs des chansons de France, et danser contredanses, branles, bourrées, polkas piquées et montagnardes.

Baffier se donne de cœur à ces fêtes dans le but évident de reconstituer, en France, la vie patriarcale par l'art, par la défense du travail, la fierté des mœurs, l'éducation familiale, l'étude des traditions ancestrales, et l'amour pieux et recueilli des beautés de la nature. Aux citadins, il offre le spectacle des rudes gars de son Berry, la boutonnière fleurie d'un épi, portant, en bandoulière, la vielle enrubannée de jaune, de vert et de rouge : les trois couleurs de la moisson, de la prairie et de la vendange.

Ce ne sont point les plus manchots que l'on montre aux Parisiens. Il y a là Thurigny (de Chatenay), Laurent (d'Angy), Pizon (de la Chapelade), Billot (de Clunzo), cornemuseux; et Dubon (de Bruyères-des-Granges), Bouillet (de Reousse), Bonnet de Cerisy), vielleux. Ils ont souvenance de la bonne dame de

Nohant qui les célébra; aussi ne donnent-ils un bal à Paris sans y convier quelqu'un de la famille de George Sand. Ils ont la vanité d'être compris, estimant n'être pas les premiers venus; fiers comme ce Compagnon (de Nevers), à qui Napoléon III avait parlé. Dès lors, il se croyait tout permis. Braconnait-il sur une terre, un garde l'abordait-il? Il lui criait, avec hauteur : « Va dire à tes maîtres que Compagnon a chassé chez eux. »

Les maîtres sonneurs ne font que passer à Paris, et à de longs intervalles. Leurs grêles instruments sont déplacés en nos salles de danse. Essentiellement rustiques, ils ne conviennent bien qu'au plein air, dans la prairie, et l'herbe, sous les pieds, foulée...

La montée du sentiment égalitaire et la décentralisation à outrance ont réduit tous les bals à n'être plus, avec des nuances dans la richesse, qu'un même bal. Les bals annuels des grandes corporations ne présentent que d'inaperçues divergences dans l'ensemble; et le peuple artisan — hors à la musette assez exclusive — danse, quand il danse, dans des lieux toujours les mêmes, sans séparation d'état. Au commencement du siècle, les similitudes de situations et d'origine, s'indiquaient au contraire d'une manière tranchée. Un observateur s'est plu à dresser à cette époque un tableau sommaire de la population des bals.

« Les jeunes commis, les clercs, vont, dit-il, dans des bals publics à trente sous par cavalier; ils y conduisent des marchandes de modes, d'élégantes couturières, et, en général, cette classe de beautés piquantes, qu'on appelle grisettes. Les apprentis bijoutiers, les metteurs en œuvre, les coiffeurs, les garçons tailleurs et tapissiers vont danser, à un franc, avec les ouvrières en linge et les jolies femmes de chambre. Les garçons cordonniers, les ouvriers en meuble et quelques autres artisans des états peu fatigants se réunissent dans des guinguettes où l'on danse la contredanse à trois sous la pièce avec des grisettes d'une classe inférieure. Les serruriers, charpentiers, menuisiers dansent aussi, à deux sous le cachet, avec des habituées des guinguettes ; danseuses banales, que les cabaretiers paient à la journée avec leurs ménétriers. Les porteurs d'eau, les commissionnaires et en général les natifs du Puy-de-Dôme et du Mont-Blanc ont leurs bals particuliers, où ils exécutent les danses du pays avec les revendeuses, les petits fruitiers et leurs grosses payses. »

Et l'auteur ajoute : « Il y a un bal de cette espèce chez un marchand de vins qui a des salles spacieuses, rue Notre-Dame-des-Victoires. Le son nasillard de la musette, le bruit mesuré des sabots suffisent pour l'indiquer... » C'est, tel que nous le connaissons aujourd'hui encore, notre bal musette. L'historien poursuit son énumération :

« Les forts de la Halle forment des assemblées au Port-au-Bled et dans les rues voisines, mais les plus jeunes seulement vont là avec quelques bons vivants dont il serait difficile de dire l'état. Des femmes robustes et à toute épreuve leur tiennent tête, soit qu'ils boivent de l'eau-de-vie, soit qu'ils dansent, soit qu'ils se battent, et souvent dans le même bal tout cela se fait à la fois. Ceux d'entre les forts de la Halle et les charbonniers qui ont le plus de tenue se réunissent les jours de repos dans des cabarets un peu plus décents, avec de braves harengères et de jolies bouquetières. On boit sec, le propos est plus que leste, mais en public on se grise et voilà tout. Enfin les maçons, les paveurs aux sabots ferrés et les autres journaliers de peine vont dans les guinguettes faire raisonner le sol sous leurs bonds grossiers, mais pittoresques, et rappellent à l'observateur quelques groupes de l'école de Téniers. »

Nous retrouvons dans les bals publics les commis et les

marchandes de modes; à la musette, les Auvergnats. Mais les chambrières, au bal Dourland, sourient plus souvent à des palefreniers qu'à des garçons tailleurs. Les coiffeurs dansent à grand orchestre au Grand-Orient, après avoir échafaudé publiquement, sous l'œil du jury professionnel, des coiffures savantes et compliquées. Les garçons de café, jadis, au bal de l'Étoile, dansaient à la bonne franquette, en complet gris et en petit chapeau. Cette simplicité a disparu. Ils font du genre. Ils viennent en habit, ce qui ne les change point de leur tenue de service; ils sont encore parmi les prolétaires les moins gênés dans cet accoutrement. Les cordonniers dansent à la Saint-Crépin, et les charpentiers ont conservé la tradition de certaines danses, voilées des mystères de l'initiation.

Ils s'y livrent chez « la Mère », au retour de la promenade à travers Paris — la promenade d'Avignon-la-Vertu, premier en ville, ou de Marseille-la-Constance, appuyés fièrement sur une canne de tambour-major que des flots de rubans multicolores pavoisent. Le soir de ces sorties, qui concordent avec la réception en loge des compagnons soumis à de rudes et mystiques épreuves, d'un caractère maçonnique, ils se réunissent, banquettent et dansent. Là point d'habits, mais la veste de velours bleue à grosse côte, la culotte à la houzarde, serrée à la cheville et large aux poches, où le mètre et l'équerre sont à demeure, la veste courte, rasant des bords la ceinture de flanelle rouge; un chapeau montagnard complète le crâne ajustement de ces beaux gars chez qui une gymnastique professionnelle a développé, avec les muscles, le sens du rythme dans les attitudes et de l'exacte noblesse dans le mouvement. Ils ont conservé, avec tant d'autres usages, les danses du vieux temps; certaines se dansant entre hommes, avec la raide majesté des ballets dont Louis XIV emperruqué donnait dans la galerie des glaces, à Versailles, le spectacle solennel. Ils tolèrent l'orchestre, n'ayant point d'instruments de prédilection, comme en ont les fils de l'Auvergne ou les gars du Berry.

Leurs frères du bâtiment, les maçons, plus humbles d'allures et de propos moins fendants, associés mais sans mystère, dansent aussi, par là, vers Charonne, dans des bals où la limousine pleurniche ses airs surannés. Enfants du Jura ou de la Creuse, ils ont leurs quelques bals musette; mais la couleur en est absente.

Car la musette, voyez-vous, c'est l'Auvergne, avec ses bonnes grosses faces, son sans-gêne sans jactance, sa rudesse obséquieuse, sa gaieté burlesque, son accent de terroir, son intrépidité dans le plaisir — et Pierre à plein bras « cherrant » Pierrette. Hors de là, c'est le bastringue ou c'est le bouge...

LES BALS MASQUÉS

« Été hier au bal masqué ; voici une chose grave, plus grave qu'on ne croit : le plaisir est mort. De bas en haut, de haut en bas ! nous nous sommes promenés, cherchant à retrouver quelque chose de notre vieil Opéra : une blague, un vrai rire, la charité d'un sourire, un abandon du corps gratis, du désordonnement, de la fantaisie, du caprice, enfin l'apparence d'une intrigue — qui ne se fait pas payer cinq louis. Des affaires partout, des affaires jusqu'au cintre. »

Cette amertume semble toute chaude, exhalée la dernière nuit du dernier bal. Elle a sa quarantaine bien sonnée ; elle est exactement du 18 janvier 1857. Ce sont les Goncourt qui la confessent.

Les Goncourt, qui cherchaient en 1857 à « retrouver quelque chose de leur vieil Opéra », donneraient à penser qu'ils le connurent, non seulement eux plus jeunes, mais le bal plus fou. On les pourrait croire, si leur inséparable Gavarni, mieux que quiconque placé pour savoir ce que valait l'aune de la joie de ces débardeurs dont il avait dessiné le costume, vingt-six ans plus tôt, n'avait soupiré la même antienne.

« Quiconque était au bal de l'Opéra n'avait qu'à dormir ou à faire le dandy, écrit-il en 1831, c'est-à-dire qu'il y avait absence totale de femmes : que la bêtise seule épargnait des quolibets et sauvait du bavardage ; que de misérables dominos décrochés de la boutique d'un fripier se promenaient au bras de quelques provinciaux, assez primitifs pour s'y rendre ; qu'en un mot les jeunes gens réduits à eux-mêmes devaient sentir que les mœurs changent, que la société s'attriste, qu'il faut de nouveaux plaisirs, et quels plaisirs! Des plaisirs solitaires... Voilà bien des réflexions pour un bal d'Opéra. Je demande à ceux qui les trouvent trop longues d'y aller ce soir ; ils y verront quelque chose de plus long encore : il y aurait de quoi se faire saint-simonien. »

La tradition de ces propos exaspérés sur la veulerie des nuits carnavalesques est aussi vieille que l'institution des bals. Chacun les tint qui y alla, sans empêcher d'y aller autrui et sans s'empêcher d'y retourner soi-même...

Quand le carnaval, celui de la rue, força les portes de l'Opéra, il était à son apogée ; l'amour du cancan rugissait ; les cavaliers honorables ne manquaient point qui consentaient à faire vis-à-vis aux Grille-d'Égout alors régnantes. Le premier bal masqué populaire fut un charivari. Grâces en soient rendues à Mira ! Le malheureux, jusqu'alors réduit à ses seuls habits noirs, s'évertuait à trouver des combinaisons attrayantes. Il créait les bals avec tombola, cachemire, tableaux de maître. Mais ni les tombolas, ni les divertissements des dames du corps de ballet, ni les têtes grotesques, ni les danseurs espagnols

Dolorès et Camfrundi, ni les tableaux de maître, ni les cachemires ne déridaient cette foule, toujours empressée et toujours bougonne, qui savait n'avoir pas à espérer trouver sous le masque une comtesse d'Artois ou une reine de France.

Elle demandait un plaisir épicé. Mira arracha l'autorisation de donner un bal dansant et costumé. La veille, l'autorité, prise d'un tardif scrupule, la lui retira. Mira afficha quand même. La foule des masques assiégea le théâtre, les portes cédèrent... Ce fut du délire. L'orchestre joua la contredanse de la *Chaise cassée*. Quelques heures plus tard, les musiciens tiraient des coups de revolver prévus par le compositeur. Le délire devint frénésie. Mais quand Musard, le grand Musard, apporta lui-même cet instrument qu'on n'avait encore utilisé que dans le concert... européen : le canon, et qu'il en tira, à l'orchestre, des bordées à blanc, on hurla d'enthousiasme. Sur de solides épaules, Musard, juché, fut promené dans la salle en triomphe. « Vous ne ferez pas mieux », lui disait-on. Il souriait, sûr de son génie. Il portait déjà dans son cerveau tumultueux le galop infernal dansé, trépigné, gesticulé par quatre mille pieds, crié par deux mille bouches. Désormais M. Joseph Prudhomme put parler de saturnales : l'ancien bal, le bal figé de style régence, n'existait plus.

Cette folie sincère n'eut qu'une heure. Le goût des oripeaux passa. On se travestit de moins en moins. Du bal masqué, dont on avait été les funambulesques comparses, on ne fut bientôt plus que les spectateurs désabusés. L'habit noir à nouveau régna au bal de l'Opéra, non par la volonté du préfet de police, mais par décret de la mode. Il ne vint en masques que les salariés. Les bals en eurent moins de réputation sans en avoir à peine moins de vogue...

Si la curiosité vous venait de consulter l'unique thermomètre qui ne trompe point : les recettes, vous pourriez relever des chiffres édifiants. Sous l'Empire, la moyenne des recettes était de quinze mille francs par bal. Le général Fleury dit en parlant de Mme de Metternich : « Elle était l'âme des soupers et des parties que nous arrangions pour elle après les bals de l'Opéra. » Jusqu'alors la mode était d'aller à ces bals. La guerre éclate — le canon de Musard est traîné aux remparts, et ce n'est plus pour rire qu'il gronde. La fumée des batailles se dissipe, l'angoisse avec elle. On renaît au plaisir. Strauss reprend le bâton de chef d'orchestre, et le 16 décembre 1871, le bal de l'Opéra fait plus de recettes qu'en aucun des jours de l'Empire défunt. Les assistants ne dépassent pas trois mille ; la salle de la rue Le Peletier est exiguë. Il s'en édifie une nouvelle dont les magnificences imposeront le respect. Osera-t-on livrer l'escalier d'honneur à la cohue hurlante? Dans le décor de M. Garnier, où l'or se relève en bosse, la brutalité chienlesque du moderne carnaval sera-t-elle admise à étaler la misère de ses haillons ou le funèbre équipage de ses draps noirs mondains? L'aventure se tente un jour de février 1876. Arban tient l'archet. Plus de dix mille invités accourent qui font pleuvoir dans l'escarcelle directoriale le chiffre fantastique de 83 460 francs, de quelques francs dépassé l'année suivante... Puis le thermomètre des recettes ira *decrescendo*, tombant, comme en 1891, à 11 000 francs avec le double d'assistants. On s'avise de relever d'une pointe de fantaisie cette fête en passe de s'évanouir. On ne revient ni à la *Chaise cassée*, ni au coup de canon de Musard, mais on fleurit les loges, on tire des tombolas, on organise des courses de vélocipèdes. Il y a des ânes à gagner. Les serpentins enfin rompent la monotonie des habitudes. La foule redevient cohue et les recettes vienent à atteindre le maximum de leurs ascensions.

Mais le monsieur triste ne désarme pas. On a surpris ces quelques notes sur son carnet :

— Foule énorme. La foule de la dernière fois et de la fois prochaine. On est venu avec une espérance, on s'est enretourné avec un regret. Et le même désabusé, courant au-devant du même regret, reviendra poussé par la même espérance.

— Caran d'Ache a surpris don Juan au bal de l'Opéra, un samedi soir. Un domino s'est approché de lui, qui lui a murmuré : « Portes-tu toujours des caleçons bleus à pois blancs? » Et preste, sur ce propos, le domino s'enfuit. Il resta, de toute la nuit, introuvable. Comme le lui fait dire Byron, don Juan murmura : « Quelle était cette femme?... » Son front se sillonna des rides de la perplexité. Cheminant par les rues, sous la neige tombant en avalanche, mais indifférent à ses injures, il monologuait : « Je connais cette voix... Suzanne? Non, Suzanne est plus petite... » Au matin du dimanche, en son lit resté solitaire, il poursuivait la résolution de la cruelle énigme : « Ce n'est pas Irma?... Irma est plus grande... Ce n'est pas Émerancienne?... Mme de G****? Elle ne m'a connu que des caleçons gris perle... Oh! entendre encore cette voix! » Il sortit le lendemain, accablé sous le poids du douloureux problème : « Voyons, la baronne?... Non, elle est à Nice... La vicomtesse?... Non, samedi, elle était au concert... Ce n'est pas elle, ce n'est pas sa voix. » Le soir, il s'en alla au théâtre, lorgna les loges : « J'y suis, c'est la duchesse?... Non, sa loge est vide... Elle est à Cannes... » Le mardi matin, il lit dans les feuilles : « La reine de Westphalie vient d'arriver à Paris. Sa Majesté assistait samedi au bal de l'Opéra, incognito, avec une suite de 612 personnes. » Ainsi, c'était une reine... « Mais comment sait-elle que je porte des caleçons bleus à pois blancs?... » Comme il médite ainsi sur l'oreiller, le fausset de la bonne l'interrompt : « Monsieur, c'est la blanchisseuse avec son livre. Il y a trente-sept francs. » Furieux de cette intruse qui rompt le charme, alors que le voile de son inconnue de l'Opéra s'écarte enfin, à ses yeux, sur le visage d'une reine : « Qu'elle aille au diable! » La blanchisseuse s'éloigne, mais à la cantonnade, cette robuste fille clabaude : « Oh! là là! Ça n'a pas trente-sept francs et ça se pavane à l'Opéra!... » Au son de cette voix, don Juan s'évanouit... L'inconnue du bal qui connaissait ses caleçons bleus à pois blancs, c'était... sa blanchisseuse.

— Je rencontre un philosophe affligé d'un faux nez, par exception hilare et cynique. Il lève la dentelle des capuchons et, à l'oreille des dominos, glisse des impertinences. D'où lui vient cette gaieté? Il me prend par le bras et m'en confie la recette.

Nous mettons, me dit-il, la charrue avant les bœufs. Nous soupons après le bal : il est bien temps. C'est avant qu'il faut souper. La bonne chère dispose à la belle chair. Poussé de vins généreux, le cerveau empli de vapeurs légères, un tantinet de folie au cœur, nous sommes armés pour la croisade et pouvons nous hardiment planter devant les infidèles — les belles infidèles. Suivez l'ordre alphabétique des anciens qui étaient en ces matières nos maîtres : Bacchus, Comus et Momus. Faire la cour follement sans être fou, est-ce d'un sage? Que penseriez-d'un poltron qui s'échaufferait après la bataille?

Pour voir tout en rose, ici je change les verres de mes lunettes, et mon opticien est un maître d'hôtel sachant le secret des ragouts épicés, arrosés de crus qui ont l'expérience de la vieillesse. Quand j'ai bu, je suis convaincu que l'Opéra est ivre et que lord Seymour est de la Saint-Jean. Les heures passent, colorées par mon imagination. Le jour vient, et je soupe encore, mais c'est au festin de la beauté ; et la beauté, exigeante après un semblable régime, plus d'une fois m'a fait l'honneur de me dire que je n'y boudais pas.

Ceux qui prétendent qu'on s'amuse au bal de l'Opéra ne mentent point, cher monsieur; mais, convenant que la moutarde ne se mange pas après dîner, ils soupent avant.

— Une innovation : les occupants des loges jettent des serpentins sur ceux qui passent en bas et sur les musiciens à leur proximité. Les serpentins sont en défaveur. Mais voici un sport très prisé. On a une ligne de jonc, le fil pend dans la salle avec, au bout, une orange, un bouquet, une attrape. Il n'est point d'exemple qu'on y ait accroché un cœur. Les mains se tendent vers l'hameçon qui fuit, se rapproche, agace, aguiche. C'est le petit jeu du désir. Faute de mieux, on s'y amuse. Ces dames pêcheuses ou pécheresses, tout habiles qu'elles soient à manier leurs lignes de Tantale, ne se félicitent pas de leur pêche. C'est surtout le poisson qui s'y prend. Et ce n'est point, disent-elles, ce qu'à l'Opéra elles viennent pêcher.

— A d'aucuns suffit la température charnelle des couloirs; espèces de coupe-gorge qui sont des baise-gorge. Entre les rangs des mâles énamourés, de charitables filles passent, épaules au vent. Hugo a chanté la saveur de cette mendicité :

Je baisais au vol tes bras frais et ronds.

L'image serait ici bienveillante à l'extrême. Les bras, s'ils sont toujours ronds, sont rarement frais. Quelques demoiselles se laissent faire qui goûtent à ce jeu un charme vif. Soigneuses de cacher leurs figures, elles le sont moins de protéger leurs épaules. Elles cherchent à connaître des caresses qui ne les connaîtront pas. Brantôme les a soupçonnées, ces perverses. C'étaient les belles et honnestes dames qui, apprenant le sac de la ville et la fureur des soldats, demandaient, ingénues, pour y courir : « Où viole-t-on ? »

C'est la dernière originalité du bal, cette franchise des étreintes. Quatre jours l'an, les pauvres, qui obtiennent de l'administration un billet de faveur — ils sont trois mille — ont à l'Opéra un festin gratuit : il y a des épaules à discrétion. Les affamés s'en donnent à lèvres que veux-tu, baisant l'épiderme blanc comme la peau rugueuse. Que ne baiseraient-ils pas dans leur fringale d'amour ? A cette agape prennent part en face des loges 32, 34, 36, 38, loges infernales, les fils de famille. Simple fantaisie, c'est à peu près comme si, pouvant s'offrir les plus délicats festins, on se prenait d'envie furieuse de partager la soupe du matin d'un quelconque Brébant. « Oh ! soupire l'un de ces jeunes hommes, que je paierais cher un baiser pour rien. — Combien ? — Tu en demandes trop, bébé ! »

— Ce coin propice aux turpitudes est recherché par les vices économes et les galants qui ont pour maxime royale : « Aimer toucher est ma devise ». Il est dangereux, pour ce que les appétits éveillés en la brute humaine deviennent vite cruels. Une fille promène son opulence grasse. Son corset s'est laissé déborder ; il ne ramène plus les égarés. Ce dévêtement hardi que dépasse d'un centimètre la pointe de flottaison excite les convoitises et fait flamber les sens. On se rue sur la bacchante riant de qui la chatouille ; puis la caresse se fait agressive, l'attouchement prise de possession ; les doigts frôlaient, les ongles griffent. Les mains fiévreuses déshabillent en déchirant. La peau se bleuit sous les étreintes, rougit, coupée de sillons brefs. Celle qui riait pleure; le rose d'une égratignure perle sur sa chair. Des larmes et du sang : c'est le loyer du rut bestial de cette foule distinguée, polie en ses manières, où il y a des gentilshommes qui savent encore saluer les femmes, et qui pour leur honneur, cavaliers galants, mettraient l'épée à la main...

— J'étais de cette échauffourée : contagion de l'exemple, entraînement des yeux, je ne me suis point reconquis sans un violent effort... J'ai avisé une jolie frimousse et ne l'ai que fort honnêtement dévisagée. Elle m'a fixé de ce regard étincelant, particulier au mystère du masque, et m'a dit pour que je commence : « Voulez-vous bien finir »! Elle était maigre; le satin fripé de sa peau habillait son squelette sans l'étoffer. Les os perçaient l'épiderme. Ce sont encore, chez ces femmes, les saillies les plus fréquentes.

— A trois heures, celles qui ne sont pas pourvues s'amusent moins, mais écoutent mieux. Il serait superflu toutefois de leur adresser des madrigaux. Leur attention s'applique à deviner la conclusion de l'aventure : « Sera-ce celui-là, enfin, qui m'emmènera souper? »

— Volpini, patron du Grand-Café, fermier de ces bals, dresse son buffet dans le foyer : c'est là que, devant une coupe de champagne, l'esprit s'attable, interpellant qui passe, apostrophant avec des mots qui visent à la satire. Les propos déshabillent, les mains aussi, allongées, et jusque sous les gazes. Un Desgenais, sincèrement ivre, s'improvise, qui est drôle et porte en rose le deuil de feu Carnaval. Il est séant de prier à ses côtés un domino solitaire qui confesse sa soif.

Femme du monde, institutrice effarouchée, bourgeoise perverse? Il n'est point rare qu'au moment de solder, elle ne fasse mine de jeter sur le marbre un louis : c'est un jeton doré à l'effigie d'une jolie fille, au revers duquel on lit un nom de femme, Jeanne ou Fiorina, une adresse et ces simples mots : « Arts d'agrément ». C'est la réclame d'une maison de joie. Il se fait, les nuits de bal à l'Opéra, une ample émission de cette fausse monnaie.

— Les femmes se retirent, en majorité, les premières. Nous restons à peu près entre hommes. Ce n'est point pour égayer le bal. Un habit noir lugubre regarde, mélancolique, passer des ombres. Un domino — noir aussi — s'approche, et sous son nez, qu'il a hideux et postiche, d'une voix neutre qu'il contrefait : « Frère, il nous faut rire » !

Le carnet s'arrête sur ces mots.

Il paraît qu'autrefois on se donnait rendez-vous sous l'horloge.

Cette horloge a son histoire. Lorsque M. Delaveau, sous la monarchie, fut nommé préfet de police, à la grande satisfaction des personnes pieuses, on approchait de l'époque de l'année où l'Opéra donnait ses bals. Les Catons de la police firent à leur chef un rapport sévère sur l'épouvantable scandale de ces damnables réunions. C'était alors qu'on rallongeait les jupes des danseuses et qu'on obligeait les cabinets particuliers à n'avoir point de rideaux. Ce rapport fut présenté à minuit, le soir même du premier bal masqué. La pendule du foyer de l'Opéra y était dénoncée comme une façon de proxénète; on l'accusait de favoriser les rendez-vous illicites. « C'est auprès

d'elle, disait-on, que l'adultère combine ses rencontres. »
M. Delaveau manda un gendarme, le chargea d'une dépêche pour l'administrateur de l'Opéra, et la pendule cessa de marquer les heures durant cette nuit de perdition ! M. de Talleyrand connut le lendemain cet excès de zèle de son préfet : « C'est peut-être, dit-il, pousser un peu loin l'amour des arrestations que de faire arrêter la pendule de l'Opéra par la gendarmerie ! »

Ce n'est ni le même Opéra, ni la même pendule, mais, circonstance bizarre, elle est toujours arrêtée : elle marque minuit moins le quart et s'en tient là. Minuit moins le quart, serait-ce l'heure du berger? Les aimables personnes, qui en pourraient être instruites, répondraient n'en rien savoir, ayant moins vu, pauvres filles, le berger que le loup !

Les déguisés de la figuration sont à peu près les seuls assistants qui dansent. Leur fourmillement, vu des loges, n'est ni sans coloris, ni sans vivacité. La bassesse des oripeaux s'atténue de loin dans la cohue criarde que l'archet de Louis Ganne agite. L'optique mensonger de la scène et le rideau de poussière, qu'épaissit l'abus des serpentins, profite à cette mascarade aux unités indigentes. Elle est empruntée à la bonne volonté des gueux du faubourg auxquels on ne sait quel hasard procura une guenille carnavalesque. Ce sont des garçons épiciers qui s'entraînèrent, un mardi gras, à courir les rues sous un travestissement acheté au rabais à des fripiers; des bouchers en Don Juan, des garçons de lavoir en pages. L'amour du cabotinage, qui est au fond de tant de cœurs parisiens, a donné, à tels candides jeunes premiers, momentanément dans les papiers peints ou la colle forte, le pourpoint de Don César ou le maillot de Henri II.

Certains, de ce roi, seraient les mignons avec un naturel

irréprochable. Une troupe de ces trop jolis garçons, affectant de porter le costume de clown, s'évade, les nuits de carnaval, d'un café du boulevard. De manières efféminées, échangeant les muets propos équivoques de leurs yeux de velours, ils constituent une société à part, localisée à la droite de la scène ; une société dont les façons câlines et la souplesse de reins, les lentes ondulations, sont apprises des mimes de la Rome décadente. Société exclusivement masculine et qui à elle-même se suffit.

A côté s'agitent, les méconnaissant, des ténors inconnus qui se sont procurés au rabais le costume de Fernand ; des barytons sifflés qui ont rapporté de tournées en déroute les grotesques ajustements des rois gâteux de l'opérette. M. Victor Roger, le compositeur guilleret de *Joséphine vendue par ses sœurs,* préside au choix de ces figurants, comme secrétaire général des bals. C'est pendant une huitaine, dans son bureau, un défilé cocasse : « En quoi serez-vous ? — En seigneur. — De quelle époque? — De cette année. — Et vous? — En « Don qui gigotte de la manche ». — Vous dites? — Comme qui dirait en pierrot espagnol. » Il voit venir à lui, plus touchants, des couples. Le mari et la femme ont projeté de se follement dépenser en une nuit d'orgie. Il ne leur en coûtera que de se trouver un costume dont le plus sordide des revendeurs du Temple réunira les éléments. La femme, qui sait coudre, raccourcira un jupon, et, sur le corsage, jettera quelques paillettes; avec une fleur de grenade dans les cheveux, elle sera Andalouse, comme, certes, on ne l'est pas en Andalousie!

Le reste n'est que salariés. Des femmes et pas une femme. Des laiderons sans jeunesse qui ne furent jamais jeunes. Une population hâve et morne, l'ordinaire clientèle des asiles de nuit, pour cette nuit, sous la livrée des traditions chienlesques, réfugiée à l'Opéra. Elle a son rôle tracé par la Direction. Pour qu'elle incarne la folie dans l'orgie et Paris qui s'amuse, deux francs lui sont versés.

L'espace où ces masques se trémoussent, farandolent, polkent, valsent, imitent l'animation d'un bal, est comme le faubourg même de l'Opéra. Ne s'y faufilent que de rares habits noirs. Ils vont là comme ils iraient, en explorateurs, dans un monde ignoré. Ils y sont étrangers à une foule indifférente. Point de possibles quiproquos, nulle apparence d'intrigues. La femme, mal accoutrée dans ses oripeaux bariolés, ne cherche pas aventure. Elle est venue avec le compagnon qui la ramènera.

On décide parfois les danseurs en vogue, dans le style canaille. Rigolboche, jadis, retenait sa loge au bal de l'Opéra, qu'elle payait le prix qu'en eût donné une femme du monde. La Goulue se fait inviter. M. Victor Roger garde d'elle, ce billet :

Cher monsieur,

Désirant assister aux quatre bals de l'Opéra avec Grille-d'Égout, seriez-vous assez aimable de m'envoyer deux entrées de dames et une pour mon danseur Valentin-le-Désossé, ou l'inscrire comme journaliste, ne pouvant y aller qu'en tenue de soirée.

Recevez, cher monsieur, mes salutations distinguées.

LA GOULUE.

Valentin-le-Désossé, successeur de Pritchard et de Brididi, s'est fait une règle de ne point quitter la redingote qui drape sa longue maigreur, son chapeau haut de forme à bord plat, dont sa face d'inénarrable Cassandre est coiffée. Sa présence au bal de l'Opéra passe inaperçue. Le quadrille de la Goulue ou de ses émules se confond dans le chahut des masques, sans autour, pour applaudir à son acrobatie, la galerie connaisseuse du Moulin ou de l'ancien Élysée. Marguerite la Huguenote soulevait un autre délire! Et l'accueil fut différent qui salua Clodoche et ses frères.

C'était un jour du carnaval de 1856. La passion du travestissement n'était pas éteinte. On savait encore gré à qui apportait de l'originalité dans le costume. Un groupe de grotesques fit irruption dans les rangs funèbres des habits. Il se dirigea vers la scène où le peuple fantasque des masques correspondait, par ses gestes, à l'épilepsie musicale que déchaînait le bâton de Strauss. C'étaient des géants charentonnesques, comme échappés d'une bouffonnerie d'Hervé. Un grand diable d'une rudesse de ganache, mi-partie higlander et gendarme, les revers de ses bottes montant à sa taille, les crispins de ses gants à son coude, les épaules élargies par l'exagération burlesque des épaulettes, affublé d'une buffleterie incohérente, et le tricorne triomphal posé en berne sur une face carminée dont un nez rubescent perturbait l'ordre. Il avait à son bras une pêcheuse de moules au grand bonnet cauchois. Alors que le pompier, son camarade, vers la gorge à la mode de Caen de la nourrice normande coulissait des regards concupiscents.

L'orchestre attaqua un quadrille : les drôles, comme électriquement secoués, de gesticuler et de bondir! Ils ne dansaient pas : ils se désarticulaient, se dévissaient les rotules dans des moulinets forcenés; décrivaient, par tout leur être animé du délire de la bacchanale, des paraboles comiques, des trajectoires inattendues; fuyant entre les jambes en compas les uns des autres, se passant par-dessus la tête, s'emmêlant et se démêlant dans des cabrioles qui livraient au rire les hilarants dessous de la Nourrice et de la Comète. Imperturbables et automatiques, affectant un sérieux profond, soulignant encore la bouffonnerie des personnages et la démence de leurs déhanchements, ils atteignaient à l'extravagance — la dépassaient.

L'inventeur de ce quadrille demeuré célèbre était Clodoche. Vieux, assagi, revenu des gloires de ce monde, Clodoche vit encore. Sur les bords de la Marne, à Chennevières, dans un paysage qui ressemble à un décor d'opéra comique, il s'est bâti, en carton-pâte, une maisonnette d'une candeur étudiée. Il en a fait une auberge à la vieille mode, l'*Auberge de Clodoche*, que les rires des canotiers, connaisseurs en belles filles, remplissent les dimanches d'été. Sa vieillesse s'écoule, heureuse et paisible, dans la grande salle du rez-de-chaussée tapissée des reliques de sa défunte gloire; estampes de l'époque, lithographies qui l'exaltaient, photographies des grands hommes qui le tutoyèrent — camaraderie lointaine d'un succès qui l'égala aux plus illustres...

Volontiers, devant un petit verre de blanc, il se plaît à remuer les cendres de ce passé. Il a trop fréquenté les coulisses pour ne leur avoir point emprunté leur emphase : du cabotinisme est resté en lui. Qu'on l'entende ou qu'on le regarde, il s'étend avec complaisance sur les victoires que la guerre interrompit. Ce fut à brassées qu'il ramassa les lauriers du carnaval. Hervé, voyant en lui vivre le héros de son rêve de dément, dessinait les costumes outrés dont Clodoche outrait encore l'outrance. Grévin le crayonnait. Les théâtres lui faisaient une place dans leurs pièces. Il dansait la ronde de Bacchanale dans le *Juif Errant*. Un pont était, pour lui, jeté sur la Manche, un pont d'or. Il donnait des représentations de son épilepsie à l'Horloge, quand la guerre l'obligea à revêtir, pour une autre danse, un moins fantaisiste costume.

Clodoche n'est point son nom. En réalité, il se nomme, et

c'est déjà joli, Clodomir : Clodomir Ricart. Ses études ne le destinaient pas au genre d'exercices qu'il devait illustrer. C'était un brave ouvrier du faubourg Antoine, un sculpteur, énamouré du bal comme on l'était alors. Musclé d'acier, trépidant d'instinct, sans résistance aux appels d'un piston, il n'était plus fidèle danseur des bals du quartier.

Ses camarades d'atelier étaient ses compagnons de plaisir. Alexis Bouvier, ciseleur, qui serait plus tard le romancier populaire de la *Belle Grêlée;* Luc, sculpteur aussi, qui deviendrait le Luce des Folies-Dramatiques; un marchand de chaussures, un cordier. Il rencontra Rigolboche, idole du Paris fêtard, qui le présenta aux soupers de la Maison-d'Or, à ses richissimes amis. C'étaient gens ne boudant pas le plaisir, ils apprécièrent à son prix le joyeux fantoche. Par eux, sa renommée toute faubourienne, s'insinua à l'Opéra, une nuit que le carnaval lui donna le génie du travestissement propre à de tels ébats. Clodoche amena ses copains, éprouvés dans les bastringues. Un nommé Liard, depuis notable commerçant parisien, faisait la Normande; Michallet, retiré plus tard au Havre, faisait la comète, et Flageollet, Lord de son vrai nom, faisait le pompier. On ne danse pas toujours. Lord s'est retiré sur les bords de la Marne, non loin de Clodomir, digérant en paix un magot bien gagné. Le marchand de chaussures serait quelque millionnaire. Quant à Clodomir Ricart, dans son auberge, il essaie encore parfois, les nuits de bal, d'atteindre, du bout de son pied, les solives de son plafond.

Le carnaval ne se manifeste pas qu'à l'Opéra. Il se vante, par affiche, d'être célébré dans les bals publics. Il n'en faut rien croire. Pendant la saison, Bullier, Trianon annoncent des bals masqués. Ils sont nommés ainsi, sans doute parce qu'on n'y voit pas de masques. On y supplée en costumant des professionnels, femelles et mâles, qui, noyés sous le nombre, promènent, macabres, des oripeaux usés et archi-vus. Ils sont comme ces chienlits, égarés, un mardi gras, sur le boulevard. Pierrot morne, dans ces faux bals masqués, désolé et funèbre, à l'air de porter, en blanc, le deuil de la folie.

La Bible est féconde en récits de batailles où tous les combattants furent exterminés. « Moi seul, dit le conteur, ai pu m'échapper pour en apporter la nouvelle. » Ces masques d'un sexe ou de l'autre, — à moins qu'ils ne soient des deux, car tels costumes prêtent à une équivoque qui n'est point pour déplaire à qui les endossa, — ces comparses qui achèvent de faire prendre l'air aux fonds de magasin de Landolf ou de Nicolle, semblent les échappés de l'hécatombe où le carnaval périt. Mais il serait superflu de les prier d'en témoigner. De ce que fut l'entrain de ces folles et crapuleuses journées, ils n'ont qu'une idée superficielle. Et quoique, sans gestes ni propos, sans gaîté ni turbulence, mais promeneurs paisibles, ou filles de joie effrontées et racoleuses, ils se tiennent pour les représentants de la saturnale que ses écarts dénonçaient à la vindicte de M. Joseph Prudhomme.

« Bal masqué à Bullier... Bal masqué au Moulin-Rouge. Redoute au Casino. Bal masqué au Tivoli. Bal masqué à l'Étoile. » Bal masqué partout, et nulle part de masques. La société les boude comme le peuple. C'est une exception qu'un bal paré et costumé dans le monde durant les jours gras. Les transparents de quelques loueurs d'habits font connaître qu'on trouve chez eux des dominos. Les perruquiers échafaudent des coiffures de théâtre dans leur montre éclairée, les samedis, plus tard que de coutume. Les revendeuses à la toilette, au pied de Montmartre, sont plus paresseuses de s'aller coucher, dans l'espoir qu'une coureuse de guilledou leur louera quelques-uns de ces travestissements bariolés qui, durant l'hiver, prennent le dessus des nippes d'occasion. Une douzaine de nez postiches, la tache noire, trouée de deux yeux, des loups dansant à l'étalage : c'est toute la mise en scène aux portes des barbiers, des apprêts du carnaval. La tradition y tient plus de place que la véritable nécessité. Les dominos ne seront guère disputés; la clientèle du coiffeur n'aura pas à se faire inscrire pour attendre son tour; et l'on a chance de retrouver, l'an prochain, à son même clou, le page Louis XIII ou l'arlequine fin de siècle.

Au mardi gras et à la mi-carême, les déguisés volontaires, indépendants des cavalcades et des chars, les quelques attardés qui s'offrent la joie, sinon pure, du moins innocente, de régaler la badauderie d'un travestissement; les masques qui s'égayèrent à égayer la rue; les hommes en femmes, les femmes en hommes; les bonnes qui ont échangé leur corsage contre une veste de cuisine et coiffé le béret blanc du patronnet, font au bal un tour, ce jour de haute liesse. Le mardi gras, par exception, il y a, dans les bals publics, un grouillement ponctué de quelques costumes qui donne la sensation incomplète d'un bal masqué. La basse galanterie, mise en belle humeur par la tradition, s'est fait un domino d'une chemise de nuit; ou s'est introduite dans le complet d'un petit homme; le pantalon trop long vrillant sur les pieds, et trop étroit tendant ailleurs. De déguisements, il n'y en a pas, dans cette cohue à peine colorée, et trop bousculée pour danser. Mais la volonté s'indique d'ajustements qui visent à l'autrement ou au comique. Ce n'est d'ordinaire ni spirituel ni pimpant. Les étoffes sont fripées, les ors éteints, les galons décousus; mais c'est assez pour provoquer l'impertinence et permettre le tutoiement. Le déguisement donne au désir licence de s'exprimer, aux doigts de lutiner, au baiser d'aller en maraude. Car l'admirable, en ces choses de carnaval, c'est que, dès que les attitudes se déguisent, les sentiments ne se déguisent plus. L'homme ne serait-il vrai que sous le masque ?

La rue donc amène, le mardi gras, une figuration exceptionnelle au bal public : on l'y va voir, comme, jadis, à la descente de la Courtille. C'est un spectacle plus qu'un bal. On regarde, on ne danse pas. Et chaque fois, l'on maugrée d'avoir à regarder si peu. La mi-carême est plus cossue. Étudiants et blanchisseuses en frais de costumes authentiques, et répartis dans toutes les salles dansantes, donnent l'illusion des anciennes mascarades. Les grands établissements se disputent la reine des reines et son cortège. Elle est invitée au Cirque ou à l'Opéra. A ces honneurs, il est rare, que cette souveraine d'un jour ne préfère point une salle de quartier, où quatre à cinq lavoirs réunis font figure plaisante. On s'amuse entre gens de connaissance, mieux qu'avec ces mirliflores en habit, leurs pieds vernis rivés au plancher, qui ne besognent que des mains indiscrètes, beaux bavards qui ont plus de langue que d'effet. Chez Bonvallet, au lac Saint-Fargeau, à l'Hôtel Moderne où tient état la reine du Temple, au Salon des Familles, on va de bon train à la danse. Les garçons de lavoir ont du jarret s'ils ont du bagout, et le cœur leur manque-t-il, qu'une goutte de raide — à la tienne, Étienne — vous remet d'attaque ces mousquetaires qui, fussent-ils de la reine, sont toujours, le soir, des mousquetaires gris. Ça se passe en famille. La patronne sera gaie comme les ouvrières. Et le patron donc, qui, avec son grand cordon rouge en sautoir sur son habit de mariage, que son ventre épanoui étrique, vous a des airs distingués de chef d'État !

Point de bégueulerie, c'est à la bonne franquette ; chacun y a sa part, depuis les vieux qui rient en branlant la tête, jusqu'aux moutards qui n'ont pas été oubliés. Ils ont des façons de petits pochards, ivres de leurs costumes, de la rumeur de Paris traversé en triomphe, du banquet, où leurs yeux plus grands que leur ventre, les incitaient à des engloutissements funestes. L'esprit en ribote de cette journée sens dessus dessous, tout autour d'eux tourne qui tournent autour de tous. Le monde, et ce leur est comme une saoulerie, leur apparaît un peu renversé. Où sont-ils, qu'ils retrouvent leur grande sœur en bergère, leur oncle en sauvage, leur papa dans la peau d'un ours et leur maman dans la culotte de papa?

Les enfants sont l'entrain le moins suspect de ces fêtes grasses. La remarque n'est pas nouvelle. Mercier la fait dans son *Tableau de Paris*: « On ne danse plus au bal de l'Opéra, dit-il; on ne fait plus qu'y courir, on n'y cherche que la confusion; on se marche sur les pieds; on s'étouffe : voilà le grand plaisir, mais plus de contredanses... Les bals d'enfants ont achevé de proscrire la danse. Ces petites créatures déploient tant de grâces et de légèreté, qu'il n'est plus permis de se présenter après elles. On s'excuse, parce que l'on sent qu'on n'atteindrait pas à ces attitudes légères et naïves; et la mère à ving-huit ans n'ose pas sauter avec sa fille. » Mercier demeure exact. Les bals d'enfants déguisés restent l'unique grâce du carnaval moribond.

La foule s'écarte sur les boulevards pour voir défiler ces masques pas plus hauts que ça, tout fiers de se sentir regardés; chatouillés déjà par les laudatifs. Ils vont au bal. Le Casino leur a fait signe. Un grand polichinelle mènera la ronde.

Ils y arrivent dans le costume dont le caprice des mères les a revêtus; dépaysés dès l'entrée, ahuris un peu. L'assistance, les lumières, la musique, une atmosphère chargée de senteurs, le bourdonnement des voix, le froufroutement des satins, le bruit sec des petits talons frappant le plancher, la vision tournoyante des étoffes aux couleurs crues, leurs habitudes dérangées, — comme leur poche qu'ils ne trouvent plus, — c'est pour les suffoquer un instant. Ils ouvrent des yeux énormes qui regardent tout et ne voient rien ; ils se pelotonnent contre les jupes maternelles, s'y accrochent dans un sentiment en lequel se mélangent la crainte, le plaisir et l'angoisse. Puis le sourire revient à leurs lèvres, et leurs yeux rient. L'immensité du bal se fait familière. Ce qui les étonnait les amuse; la surprise se transpose en joie. Et bientôt, candides comme des anges, délurés comme des diables, ils prennent de la fête tout ce qu'ils en peuvent prendre.

On les a habillés de mille façons, ces bambins et ces bambinettes. L'amour maternel s'est ingénié et a fait des trouvailles. Mais le plus adorable en leur costume, c'est encore la façon dont il est porté. Quand d'aventure, nous troquons nos vêtements coutumiers pour une parure de mardi gras, comédiens inexpérimentés, nous manquons d'aisance et de naturel. Les enfants ne sont pas plutôt revêtus de leurs ajustements exceptionnels, qu'ils semblent n'en avoir de leur courte vie porté d'autres. Tout leur sied ; les mères se mettent en vain l'esprit à la torture en consultant les gravures de mode, pour faire un joli petit masque de ce masque qui, de toutes façons, sera joli. Ce choix pour elles ! Mettra-t-on la fillette en laitière? c'est bien commun. Le garçonnet en débardeur? ça date beaucoup. Le costume confectionné, essayé en cachette dix fois, et vingt fois devant les autres mamans : — « Faut que vous me donniez, ma chère, une idée ! » — quand on aura arrêté, depuis la plume de la toque jusqu'à la boucle des escarpins, il restera encore une mouche à placer sur la frimousse de Célimène. Mais où? Gros débat! Sur le front? sur la joue? près de la bouche? au menton? La mère rêve depuis trois nuits à la place de cette petite mouche et ne s'est pas décidée. Ne riez pas : on vous répondrait qu'il n'est détail en apparence si futile dont l'importance est exceptionnelle. Et l'on vous citerait des exemples.

Pour amuser vos mères, dansez les petites filles!

Maintenant, le bal est dans tout son entrain. Des gentilshommes, qui ont fort bel air sous la poudre, demandent, sans tenir compte des distances, la faveur d'une polka à des laitières de Montfermeil; des marquises à panier font la révérence à des pierrots goulus, qui ont encore, sur les lèvres, du rouge des groseilles volées; de très authentiques mascottes se livrent, sans arrière-pensée, à des arlequins vicieux; un clown qui, d'une pirouette, quête une valse, séduit une grande dame, moins haute que hautaine.

Le plaisir, c'est d'analyser les grimaces que fait ce petit monde : nos grimaces en mieux. Regardons-nous en eux : autant d'enfants, autant de miroirs. Cette petite paysanne boude avec une grâce si précoce qu'on a envie de plaindre son père : si sa mère ne marquait jamais d'humeur, où aurait-elle pris ces façons? Quant à ce polisson de petit abbé, chez qui tout est impertinence et lazzis, ne dénonce-t-il pas l'une de ces maisons parisiennes où la fantaisie laisse un peu trop voisiner les petits berceaux et les grands lits? Les enfants sont, au bal, des acteurs en représentation. Ils jouent, en miniature, une comédie dont ils ont puisé les éléments dans l'observation sournoise de la vie. Si l'on veut connaître avec quelle précision ils nous épient, soit tendresse, curiosité ou simiesque talent, il faut suivre leurs ébats dans ces matinées dansantes de carnaval. Déguisés, livrés à eux-mêmes, à leur tour, mimant en grandes personnes, ils s'efforcent de mettre en pratique les remarques qu'à notre insu ils forment chaque jour autour de nous, qui nous gênons d'eux sans nous gêner assez jamais.

Vers la fin du bal, toute contrainte bannie, ils jettent le masque et redeviennent enfants. La connaissance est faite, on n'a plus rien à deviner ou à cacher. Le peu de secrets qu'on avait en son petit soi s'est envolé, comme un couple de tourterelles, dans la candeur des confidences. C'est l'heure des rondes folles, des quadrilles diaboliques, des danses en tumulte, au milieu de cris d'oiseaux effarouchés et d'éclats de rire aigus dominant l'orchestre.

On va se quitter. Un voile passe sur ces beaux yeux limpides que faisait pétiller la joie. Déjà fini ! Que le rêve a été rapide ! Est-ce là l'image du bonheur? Sympathie, amitié, commerce d'un même âge avaient fondé des petites sociétés dans l'immense tohu-bohu. On ne se connaissait que depuis une heure, mais le plaisir rapproche si vite qu'on était en confiance comme d'anciens camarades. On savait son nom, le métier du papa; on s'était désigné la maman : « — Où elle est, ta mère »? On s'était conté la genèse de ses costumes, des histoires abracadabrantes, toutes brodées de mensonges, qu'on improvisait on ne savait pourquoi, dans un besoin de vanité et d'enflure. Et il fallait se dire adieu !... On s'était embrassé, le cœur gros... On s'était retourné sur le seuil une dernière fois... Se reverrait-on ?... Il n'est comme ces riches en avenir, les enfants, pour ne rien échafauder sur le lendemain.

Les mères ont emporté les gentils masques, chaudement emmitouflés. Elles les ont empilés dans des voitures qui avaient tout l'air, avec ces princesses pailletées aux portières, de promener des cargaisons de joujoux à travers Paris. Ou, plus craintives, elles les ont assis sur leurs genoux. Ils y ont posé leurs têtes silencieuses, éveillés et rêveurs. Demain, bavards, loquaces, trépignant sous la lampe, ils retraceront en couleurs vives, et dans un dessin quelque peu incohérent, les merveilles auxquelles leur costume les associa. Ils seront ironiques et tendres, malicieux et goguenards. Ils feront des réflexions de grandes personnes sur des ridicules de leur âge. Et ils diront sans fard le choix de leur cœur innocent.

... D'aucuns pourtant, parmi les aînés, seront déjà plus discrets. Ils ne se rappelleront point sans une émotion exquise, mais neuve et indéchiffrable, les mêmes valses à la même petite fille accordées. Pressés de conter leurs impressions, ils en garderont une au plus profond d'eux-mêmes, agités, sans savoir pourquoi... « Ta pierrette, chéri, comment s'appelait-elle ? » Ils rougiront, embarrassés et confus, baisseront les yeux, et diront n'en savoir plus rien. Et leur âme d'enfant, en sa candeur troublée, jouira des délices du premier mystère...

LES BALS D'ARTISTES

De Sainte-Anne ou de la Salpêtrière, il se peut qu'on reçoive à la mi-carême une invitation rarement prodiguée : les fous prient de passer chez eux : on dansera. La danse de Saint-Guy ? Mieux que cela. Le bal est costumé : on s'y est préparé depuis longtemps. Il s'agit de faire bonne figure et d'avoir grand air. Les familles ont apporté des lambeaux d'étoffes : l'hospice a acheté en solde des fleurs artificielles, de vieux rubans. La femme, endormie en la folle, se réveille pour chiffonner ces choses. Elle en fera des parures, un peu outrées peut-être, un peu criardes. Les infirmières corrigeront les écarts d'un goût déséquilibré. Une douce maniaque insistera pour mettre un nœud excentrique dans sa coiffure : « Une reine de France a un diadème » ! Une hystérique voudra se draper de blanc : « Suis-je point la Vierge Marie » ?

Légères aberrations, moins communes qu'on ne le supposerait. De tous les bals masqués qui se donnent à Paris, en carnaval, celui des fous est le moins fou. Le vrai bal des folles est au Moulin-Rouge, quand le quadrille, conduit par Rayon-d'Or ou la Glue, déchaîne cette hystéro-épilepsie que des clowns femelles traduisent en d'impudiques envolées de jupons. A l'asile, la tenue est décente, la joie est ingénue. Il y a de l'enfant dans ces êtres aux faces de douleur. Elles tournent, emportées dans la valse, et s'illusionnent : toucheraient-elles enfin à la liberté, leur rêve?... Une jeune femme les regarde, souriante et mélancolique, attentive et comme surveillant leurs ébats. Quelqu'un l'interroge ; elle répond avec exactitude et politesse. « Vos infirmières sont intelligentes, » glisse un assistant à l'oreille du directeur qui survient... « Vous n'avez pas parlé à une infirmière, Monsieur, mais à une folle. » Si ces femmes qui dansent, graves et discrètes, sont des folles; si cette petite personne, si instruite de ses devoirs de politesse, est une folle, à quoi reconnaît-on la folie et qui peut se flatter de n'être point fou?

Assisterions-nous, en carnaval, à ce travestissement : que, tandis que s'habillent les fous en sages, les sages se déguisent en fous et l'avouent? N'avons-nous pas eu le bal des Incohérents? Le plus réputé des mérites était de n'y point paraître jouir pleinement de l'usage de ses facultés. On dansait, préparé aux abracadabrances du bal, par une exposition facétieuse, produit adultérin du hanneton et de l'araignée. Le calembour et l'équivoque, l'odieux à-peu-près, le coq-à-l'âne et le rébus s'y montraient laborieusement cultivés par des personnages qui n'étaient pas tous des inconnus. A côté des pitreries funambulesques de cet art, les calembredaines de Schaunard seraient des thèses pour l'Institut. Deux ailes dorées dans le dos, ça faisait « Eldorado », et un sein sur deux nids faisait « saint Denis ». C'était quelquefois tout de même un peu moins facile, sans être sensiblement plus fort, comme, par exemple, ces deux tableaux représentant la femme honnête, et l'autre, c'était la même. Ou, encore, Caran d'Ache, derrière une voilette à pois blancs, faisant défiler les vieux grognards : « Il neigeait, il neigeait toujours ». On souriait à ces fariboles de rapins désœuvrés, mises en ordre par Jules Lévy, à qui Émile Goudeau avait soufflé ce délire. L'exposition se clôturait par un bal, véritable fête des fous, qui portait en germe l'idée grandiose et magnifique des Quatr'z'Arts.

Le pontife de ces saturnales avait compris que ce qui tue le bal masqué, c'est l'habit noir. Un monsieur cravaté de blanc et pourvu de basques solennelles est perdu pour le rire. C'est un spectateur qui regarde, et comme il n'a rien à regarder aujourd'hui au bal masqué, il est tout de suite déguisé en « un qui s'embête à mort ». Est-il travesti? voilà un tout autre homme. Sa dignité gourmée est restée au vestiaire avec le respect humain. Il est lui-même spectacle; il participe à l'action. S'il regarde, on le regarde. Entre masques, connaissance est vite faite. Il résultait de cette cohue, obligée au masque égalitaire, un entrain qui était une indication pour des réunions semblables, dans les détails mieux ordonnées.

Là, les choses allaient bonnement. Moins que rien costumait. Au vestiaire, à la porte, on trouvait pour quelques sous une friperie qui cachait la banalité de la tenue de ville. Les costumes délibérés étaient rares; on en voyait pourtant. Sous la robe bleue d'un authentique mandarin, on reconnaissait un critique réputé. Un chroniqueur de grand renom se montrait élégamment incohérent avec son habit rouge, sa culotte courte, et le chapeau de préfet qu'il ambitionnait, dit-on. Le plus verveux des spirituels du journalisme se dérobait sous un phénoménal shako qui avait fait les guerres d'Afrique. Un président du Conseil municipal arborait, avec une simplicité digne d'un ami de la nature, le bonnet arménien de Jean-Jacques. Bianchini, le costumier de l'Opéra, paradait en reître, tandis que Caran d'Ache, en Rastignac, donnait un souvenir à la *Comédie humaine*. Le romantisme inspirait surtout les femmes, à qui seyaient l'écharpe de la Bigottini ou le bonnet de Mimi Pinson.

Certaines, remontant bien au delà de la Restauration, se mettaient déjà en route pour le paradis terrestre. Sans l'innocence d'Ève, elles aspiraient à son costume, — à un maillot près, pour le bas, — le haut s'arrangeait à sa guise. Doublant l'occasion de pécher, elles montraient deux fruits à l'homme à qui, pour sa perte, un seul avait suffi. Fantaisie de l'esprit, liberté de la chair : l'incohérence ouvrait aux bals masqués, que les artistes rénoveraient, des horizons nouveaux.

Un jour de mi-carême, l'Incohérence prononça son décès. La lettre de faire part était une invitation de bal. L'Incohérence avait décidé de mourir en dansant; l'invitation était rimée en vers mélancoliques :

> ... Dans l'existence,
> Il faut devenir sérieux
> Un jour (au moins en apparence),
> L'on vous en considère mieux.

C'est ainsi qu'un 17 mars de l'année 1887, à l'aube, — la neige, cette reine des blanchisseuses, étant tombée en abondance, — l'Incohérence s'éteignit; du moins, l'Incohérence officielle, qui avait son administration, ses pontifes, ses fêtes, ses bals et son salon où exposaient des peintres qui ne savaient pas la peinture et des dessinateurs qui ignoraient le dessin.

Elle était dans la quatrième année de son âge. Lorsqu'ils ont tant d'esprit, les enfants ne vivent point.

La partie, que les incohérents abandonnaient, allait être reprise sur de nouveaux frais. Elle tenta un original metteur en œuvre — Mécène dans Barnum, lanceur de pastilles, dénicheur d'étoiles filantes, protecteur de talents hors cadre, qui s'appelait Jules Roques. Parisien, dont le nez était volontiers tourné à la friandise, se plaisant à conduire, tel un folâtre dieu païen, des essaims de vierges folles au son de sa flûte anacréontique; — un peu le faune aux oreilles pointues de l'affiche que, pour son *Courrier Français*, Chéret dessina. Il souhaitait modeler, dans la chair même de la vie, les bas-reliefs voluptueux des autels consacrés, par ses soins, à quelque Pan moderne sur le mont sacré. Il renouait la tradition interrompue des priapées, à ses appels faisant accourir ces lascives bacchantes dont le boulevard monnaye les nuits, dont Montmartre fleurit les tyrses. Il organisa les bals du *Courrier*.

Le premier de ces bals exigeait un prétexte : on s'arrêta au plus inattendu. Quelqu'un dit : « Si l'on couronnait une rosière »? L'espèce n'est pas commune sur la Butte, mais il n'est que de s'entendre. On n'exigea point l'impossible. On ne demanda à la rosière élue que d'être rosière, du moment où on l'irait quérir dans sa loge, au moment où la couronne serait posée sur son front rougissant. Une virginité d'un quart d'heure, ce n'est déjà plus un obstacle. On trouva l'enfant qui consentit à jouer ce rôle. Elle revêtit le costume qu'imposait sa pudeur : un bonnet de paysanne, une jupe courte de légère gaze sur de naïfs et sommaires dessous, le corset délacé à la Greuze, évocation de la *Cruche cassée*.

La vertu à la ville est mal à l'aise. Les artistes, à l'Élysée-

Montmartre, avaient improvisé, pour elle, une fête champêtre. Les garçons luttaient de vitesse au sac, les dames s'essayaient dans une course aux lapins. Il y avait des jeux de bagues pour les demoiselles, qui ne donnent un baiser que la bague au doigt — quand le brillant leur plaît. Thérésa tournait l'orgue de Barbarie en criant ses chansons. On voyait des lutteuses agiles aux culbutes; des femmes sauvages, mais moins que leurs costumes le laissaient à penser; des diseuses de bonne aventure qui promettaient le bonheur, et, pour ajouter à la sûreté de leurs pronostics, le donnaient; des marchandes de plaisirs dont le fonds, si bien achalandé qu'il fût, ne suffisait point toujours, mais on pouvait acheter la marchande. Au milieu de la fête, s'accomplit le couronnement. Le maire, c'était Raoul Ponchon. Il s'exprima en vers, assurant que c'était pour lui un devoir bien doux d'affirmer, Mademoiselle,

> ... que vous l'avez encor,
> Votre fleur d'innocence aux étamines d'or,
> Et je suis fier de ce qu'une fête éphémère
> Dans cette circonstance unique m'ait fait maire.

L'élan était donné de ces fêtes du *Courrier* qui, désormais, seraient encloses en les limites d'un thème d'avance arrêté. Chaque bal répondrait à un objet défini. Une année, l'enfant se rechercherait dans l'homme au bal des Bébés, et ce ne serait que collégiens barbus se préparant à la licence avec de grandes filles en jupes courtes, disposées au jeux innocents. Une autre fois, les dieux fraterniseraient dans une commune agape, puis les diables. Ce fut aussi la Symphonie en blanc majeur du bal mystique. Brantôme insinua à M. Roques que le temps était peut-être venu de connaître ce qu'on devait penser des perfections de la beauté chez les Parisiennes. Il faut, vous le savez, trois choses rondes, trois choses petites, trois choses étroites, car toutes les perfections vont par trois. Un concours, pour leur recherche, doucement, acheminait ces bals vers le nu. On organisait une émulation entre les plus belles jambes, les plus beaux seins, les plus belles nuques. Paris, polisson et amateur, détaillait.

Le bal des dieux transporta d'une joie délirante les artistes. Louis Morin, au nom de ses camarades d'art, le chanta. « Sur le mur tout blanc du temple éclectique qu'avait édifié le *Courrier*, les invités virent dérouler une fresque idéale et telle que n'aurait pu la concevoir le plus richement cérébral de nos peintres. Qu'ils trouvaient d'enseignement à regarder le défilé de ce concours symbolique! car c'est leur fonction aux peintres de prendre le beau où ils le trouvent. Il y avait là, pour caresser leurs yeux, les plus doux satins de Paris, ceux qu'on ne voit pas souvent sur les tables à modèles; il y avait là des imaginations dont ils auraient pu dégager ce qu'ils voulaient, le sérieux ou le comique; des modèles de costumes à foison, des poses, des galbes, du mouvement, des ensembles se composant et se décomposant sans cesse, des couleurs, des couleurs!... »

Ainsi le bal, au temps du carnaval, pouvait être prétexte à une composition d'une richesse infinie et variée, harmonieuse de tons, exubérante de gestes, audacieuse de fantaisie? Si l'on voulait s'entendre entre artistes, on pourrait vivre toute une nuit la fresque la plus prodigieuse que jamais cervelle humaine ait enfantée!...

Un soir de 1892, quelques élèves architectes de l'École des Beaux-Arts dînaient entre eux. Après boire, ils devisaient. Quelqu'un — c'était peut-être l'un ou l'autre des Guillaume — s'étonnait, alors que toutes les écoles avaient leur bal, que, seule, la plus riche en éléments, l'École des Beaux-Arts n'eût pas le sien. Écoles normale, centrale, polytechnique, forestière ; écoles de natation, écoles de coiffure, tout ce peuple de gens graves ou puérils, une fois l'an, festoyait et commandait les violons. Messieurs les rapins, qui étaient jeunes de la vraie jeunesse, et possédaient plus que quiconque l'art du décor et du costume, s'abstenaient d'organiser une fête dansante! Indolence paradoxale. Les dîneurs s'en ouvrirent aux camarades des autres arts. L'idée était dans l'air; elle fut, sans discussion, épousée. Les quatre arts acceptèrent d'emblée de se réunir dans un bal qui porterait, par son titre, la preuve de cette étroite union. On convint qu'on serait entre soi, porte close, comme à l'atelier, et que, bannissant toute contrainte, on exclurait l'habit noir et les veules costumes des loueurs de dominos. Pas de moine, pas de pierrot, pas de religieuse et pas de blouses. On conspuait le médiocre et le hideux. On imposait aux assistants l'effort d'une recherche pour la trouvaille d'un effet. La salle de bal perdrait sa banalité par la plantation d'un décor original auquel tous les artistes coopéreraient. Il serait dessiné des bannières, et des cortèges s'ordonneraient.

Ce fut prévenus de cet esprit que les privilégiés reçurent cette invitation sur papier à chandelle :

Le Comité des Quatr'z'Arts (peintres, sculpteurs, architectes, poètes) vous prie d'honorer de votre présence le grand bal costumé qu'il donnera le samedi 23 avril 1892 dans les salons de l'Élysée-Montmartre.

L'habit noir, la blouse, le costume bourgeois et le caleçon de bain sont interdits. Le costume débraillé est de rigueur.

Cette invitation établit — et c'est son unique intérêt — qu'au début, les Quatr'z'Arts n'étaient pas que plastiques : la littérature y était représentée. Elle ne tarderait pas à disparaître : ce bal resterait exclusivement artiste. La gravure remplacerait la poésie.

Cette première fois, ils coururent aux Quatr'z'Arts accoutrés au petit bonheur, individuellement, comme ils allaient chez Bonnat, en son atelier du passage Sainte-Hélène, organiser de fantasques kaléidoscopes. Dans ce passage ne gîtaient que des artistes. La nuit du bal, toutes les portes s'ouvraient ; quand l'atelier Bonnat était bondé, on se répandait simplement chez les voisins et on y dansait, faute d'orchestre, aux sons d'instruments improvisés : de vagues derboukas, des calebasses secouées par des doigts ingénieux ; à la rigueur, un harmonieux chaudron faisait, dans le concert, sa partie de basse profonde.

On ne doutait point que même licence de tout oser serait laissée aux Quatr'z'Arts, et l'on s'y rendait comme on était, costumé à la hâte dans les rideaux de son logeur, ou drapé dans les plis raides et gourmés des quotidiens dont, en un clin d'œil, les kiosques furent dévalisés. Hors les habitués du *Courrier*, déjà instruits des effets irrésistibles d'un déguisement délibéré, tous les autres vinrent affublés drôlement, mais sans plus. Leurs modèles ou leurs petites amies les accompagnaient, personnes économes, et pour cause, dans les dépenses de toilette, vêtues de peu. On n'avait pas atteint d'un bond à la perfection souhaitable. Le contrôle avait, de son côté, montré quelque mollesse ; d'astucieux bourgeois fléchirent sa rigueur. A l'avenir, on serait plus exigeant. A tout le moins, on avait deviné ce que pourrait être une fête où l'individualité s'effacerait devant l'orgueil du groupe, où les efforts se coordonneraient en vue d'un résultat d'ensemble. On était venu, en artistes, isolés ; on viendrait par ateliers, ambitieux de faire honneur à la bannière, et de traîner derrière, à la façon des corporations de jadis, le chef-d'œuvre réalisé.

Au second bal, un dessin de Chéret invita les assistants. La fête était donnée au Moulin-Rouge ; une foule énorme et composée des seuls masques s'y pressait. Gaie, vive, bariolée, fantasque, elle s'agitait au son de l'orchestre, sans grand souci de la mesure. Dans les loges, sur le pourtour de la salle, se tenaient les principaux élèves des ateliers, et deux ou trois de leurs maîtres, costumés autrement qu'avec les palmes de l'Institut. De petites femmes, à la bonne franquette, d'un soupçon d'étoffe parées, circulaient sans impudeur parmi les hommes, qui les suivaient du regard sans convoitise. Une familiarité d'habitude, visiblement, régnait entre les sexes, et leur faisait retrouver la sérénité des temps primitifs. Ce qu'on éprouvait de fièvre n'empruntait rien à de charnels frôlements, mais à l'attente d'un grand événement : derrière un rideau, le cortège — point culminant de cette fête, sa véritable apothéose — se formait. Un signal, un roulement de tambours, des désaccords de trompette, une marche que scandent des chants :

> Le casque du pompier
> En fait presque un guerrier

Et les assistants s'écartent, livrant passage au défilé.

Une griserie d'admiration et de curiosité se chuchote de proche en proche. Brouhaha assoupi des formules d'attente et de surprise qui se contiennent encore ; incubation des mots d'accueil ; tassement des opinions qui, tout à l'heure, éclateront, hautes et sincères, en rires et en bravos.

> Sous son casque luisant
> Il a l'air épatant. (Chahut.)

Le cortège s'avance derrière une avant-garde pétaradante de grosses caisses et de tambours ; ce sont de ces délicats instruments que jouent surtout les artistes. On recrute encore parmi eux quelques trombones et quelques cymbaliers, mais en moins grand nombre. Aussi, dominant le chant du *Pompier*, est-ce la peau d'âne qui ronfle : un tonnerre. Il est de circonstance, voici les dieux.

C'est la parodie de l'Olympe, la charge des immortels, la caricature du poncif. C'est, par images successives, trop rapides, la fable d'Apulée, l'âne d'or, une jolie blonde chevauchant, sous un dais antique, un bourriquot égrillard. Ce sont des croisés retour de Palestine ; des Sarrasins dont le casque, fait d'une toile enroulée, a des cuillers à café pour palettes. Des Romains entourent la furieuse Bellone, de Gérome, dont les robes prétextes sont des draps de lit au liteau carminé. Les barbares emmènent en captivité la civilisation égyptienne. Et rien n'est beau comme la captive, nue et fière, à pied, se refusant à ses ravisseurs, la lèvre dédaigneuse, superbe d'insolence, de dégoût et de défi... Des anges entourent le saint Denis de M. Bonnat, qui a perdu la tête dans cette cohue. Diane s'avance, non en marbre ou en plâtre, mais en sa précieuse substance : en chair. Elle marche, elle sourit, — elle parle aussi, et ce n'est pas ce qu'elle fait de mieux. Sûre de ses lignes, fière d'une carnation irréprochable, point intimidée par ces hommages dus à une collaboratrice estimée, elle va d'un pas délibéré, sans trouble, et de l'orgueil de ses seins tendus, satisfaite. Elle n'a d'attribut que le croissant, lequel est d'un sou et a été pris chez le boulanger; ce qui est assez symbolique de la part d'artistes qui tirent leur pain des multiples Dianes dont ils peuplent le monde.

Le défilé couvre un long espace. En voici la partie triomphale : le cortège de Cléopâtre. Sur un palanquin, elle apparaît, vêtue de quelques rangs de perles et de résilles d'or; c'est la Beauté vainqueur du vainqueur du monde, c'est le modèle que Rochegrosse a peint dans la *Mort de Sardanapale*, la superbe rousse Sarah Brown. Le peuple l'acclame. Elle accueille ces marques de délire avec sa belle nonchalance d'Orientale.

Et des nudités suivent : la Chinoise à la jeune poitrine fleurie comme l'avril de deux fleurs de pêcher; l'architecture nue, car elle n'est que la ligne; Esmeralda, sous les voiles diaphanes. Et encore, dans les groupes, la Vérité et la Fortune, deux jolies aveugles... Puis, sur des boucliers, des blanches, que les hommes roux vêtus de peaux de bêtes ont capturées en vue d'apaiser leur faim d'amour; et l'on convient que la chère est peut-être un peu bien délicate pour d'aussi robustes affamés.

A lire ce récit froidement, on a la sensation de quelque orgie : qu'on en est loin ! Ces nus n'éveillent que des curiosités avouables. Au bal de l'Opéra, un coin de peau plonge en d'indescriptibles fureurs érotiques les mâles qui outragent de gestes obscènes et cruels les déshabillés et les retroussis. Ce sont hantises inconnues chez ces artistes, où les femmes ne sont point à vendre, où il ne se conclut pas de marché, où chacun s'en vient avec sa chacune, l'amant avec sa maîtresse, l'artiste avec son modèle, prête à répondre à qui la marchande le mot de la belle fille de Théophile Gautier au gentilhomme : « Grand merci de vos richesses, Monseigneur, j'ai tout donné pour rien. »

La Goulue, égarée dans cette réunion, errait en peine. En vain, faisait-elle étalage de son corps sous le tissu transparent d'un costume indien. Les artistes n'en avaient cure. Ils n'estiment que le nu qui pose : elle était le nu qui se négocie. Ils constataient seulement, avec tristesse, que le relâchement des mœurs en amène un autre, et qu'une esthétique sans indulgence condamnait au rebut des cabinets particuliers une chair qui manquait de caractère : la douceur s'y passant de fermeté.

Chaste dans sa liberté, sans que l'obscénité soufflât d'impurs conseils à ces bons garçons, tout à la joie d'une folie carnavalesque énorme : ainsi s'écoula cette vraiment première nuit des Quatr'z'Arts. Bal nu, et pourtant décent. Un censeur morose y fût venu qu'il eût appris que tout est relatif, et qu'il y a plus d'impudeur dans les épaules de la belle Mme X..., au bal de la Présidence, que dans tout le corps dévêtu de Sarah !

Une des héroïnes de ce bal était Manon. Elle s'était tenue, durant toute la nuit, droite et nue, dans une loge : cariatide à peine animée, dans l'orgueil de la pose, se prêtant à l'admiration de la foule. Elle allait renouveler cet exploit non plus chez les artistes, mais parmi les habits noirs. D'où un parallèle s'établirait entre le nu dans son milieu normal, et le nu d'occasion, qui n'est que le dévêtement accidentel, condiment des charnels appétits.

Le *Fin de siècle* fut un bal organisé par le journal de ce nom à l'Élysée-Montmartre, sans intention d'art, entre chat et loup. On s'était promis de recommencer l'indépendante pochade des Quatr'z'Arts. On avait dit aux petites femmes peu farouches : « N'allez point céler ce que vous avez de mieux ; venez — pour parler comme la pudique Anglaise qui repoussa le corset — telles que Dieu vous a faites. »

Elles vinrent assez nombreuses, d'aucunes parées et travesties, comme il est d'usage. D'autres, faisant plus large charité, avaient adopté le débraillé des ribaudes ; d'autres encore étaient en toilette de nuit, qui était aussi, pour la plupart d'entre elles, la toilette de réception. Enfin Manon s'était donné la tâche d'incarner la vivante beauté féminine.

Dans une salle bondée, non plus, cette fois, de libres et respectueux enfants de la fantaisie, payant leur tribut à la folie, ce fut, parmi un morne océan de sifflets d'ébènes, boulevardiers et quelconques, que Manon, comme aux Quatr'z'Arts, apparut. Aux Quatr'z'Arts, l'admiration connaisseuse fut tout respect et tout silence ; ici, ce fut aussitôt l'éveil d'un formidable et stupide rut. Contre la litière où elle était couchée, le troupeau des mâles décrivait les gestes hideux des désirs brutaux.

Toutes les frénésies et toutes les luxures ardaient vers elle, ravie d'abord, souriante, puis inquiète, courroucée, et enfin d'émoi toute tremblante. Ce voile discret qui mettait une nuée sur son corps, c'était trop pour tant de convoitises : on l'arracha. Et ce fut un viol, et ce fut le sadisme qui mord, égratigne, blesse, qui torture et jouit du sang répandu. Elle échappa à ces lubricités, se réfugia dans une loge. Mais comme les femmes d'honneur n'ont qu'une parole, et qu'elle avait promis la charité de sa chair, du haut d'une tribune, quelques secondes, elle s'exhiba. Elle était hors d'atteinte des doigts, non des quolibets ; une voix cria : « Combien » ? Seul éloge expressif qui lui fût rendu. Les peintres avaient plus galamment rémunéré sa beauté.

Vous en avez eu du dépit, Manon, — il m'en souvient ; — vous avez jeté sur vos épaules une mantille épaisse ; vous êtes restée quelques instants à regarder cette assemblée dansante sonnant l'hallali sur les coins de nudité, se jetant sur les décolletages, écœurante et pire, et vous êtes partie. La fête ne chôma point d'un peu de peau pour ce coucher du nu.

Une erreur s'était indiquée au cours de cette fête qui voulait être une réédition du bal des Quatr'z'Arts et qui en était si loin. C'est que le nu est inepte et provocant s'il n'est justifié. De tous les costumes, il nous est le plus naturel, et c'est celui que nous portons le plus mal. Le nu est à l'aise, à l'atelier, devant les artistes qui le comprennent ; ailleurs, il est timide, humilié, gauche à l'excès et sot même. Ce qui est possible entre artistes n'est possible que chez eux, parce que le nu y est respecté à l'égal d'une grammaire, d'une syntaxe, d'une loi : c'est la matière de leurs études, c'en est la probité. Le modèle n'est pas une femme qui est déshabillée : c'est la nature qui s'est dévoilée, dans ce geste, livrant le mystère des victorieuses conquêtes du pinceau et de l'ébauchoir. Le modèle sur la planche, ce n'est pas la gamine du faubourg, mal décrassée, qui a reçu cent sous pour la séance ; c'est le rêve présentement caressé, et tous les rêves que l'art, avant cette heure, caressa, de Praxitèle au dernier sculpteur, de Raphaël au dernier peintre. C'est Vénus, c'est Béatrice, c'est la Joconde, c'est la baigneuse de Falconnet, c'est la Diane de Falguière, c'est la source d'Ingres. Et même aux Quatr'z'Arts, même en ce carnavalesque défilé, le modèle reste le modèle, l'associée des œuvres remarquées et applaudies. Et un peu de la possible immortalité des figures, qui lui devront d'être sur la toile ou dans le marbre, rejaillit sur cet être de chair, blanche mortelle, imparfaite dans sa perfection, et tarée, car il n'est corps féminin si délicat et si précieux qui ne le soit.

Dans toute autre fête, dans tout autre bal, le nu est nu en vue d'un objet différent ; c'est l'excitation lubrique, la chair de l'esclave au marché. L'art ne le sollicite plus, mais la concupiscence. C'est du temple, où le nu ose publiquement s'afficher, qu'il faut surtout chasser les vendeurs. Manon donna, par l'exemple, la formule de ce désaccord : admirée, respectée, acclamée par trois mille artistes la nuit des Quatr'z'Arts, elle fut blessée, moquée, insultée la nuit du *Fin de siècle*. Et le rouge lui en vint, le rouge de la confusion, à ce point qu'on l'entendit murmurer — chose incroyable : « J'ai honte, rendez-moi ma chemise » !

L'erreur de Manon, d'autres la commirent. Les membres de la Ligue contre la licence des rues et des bois connurent, par de rares comptes rendus, les scènes du bal des artistes, que renouvelaient, en les travestissant à quinze jours de date, les tableaux malencontreux d'un bal-réclame. Les pudeurs inquiètes de M. Bérenger et de ses amis s'alarmèrent. Le Sénat s'émut. Une prudhommesque dénonciation fut faite au parquet contre ce qui semblait, de bonne foi, à ces anciens, un retour aux lascivités des fêtes phalliques. Ils ne pouvaient sentir, ces vieillards, combien le projet de ces jeunes hommes était éloigné de toute pensée déshonnête ; ils formulèrent des griefs sérieux, ils accusèrent. Leur courroux dérangea la justice qui sévit. On inquiéta Henri Guillaume, un artiste sévère, d'un caractère droit et d'une nette probité de mœurs, fils d'un père qui compta parmi les illustrations de l'architecture. On le traîna en correctionnelle avec Cléopâtre, avec Diane — avec Marie Rayer, dite Sarah Brown, avec Emma Denne, dite Suzanne, avec Clarisse Roger, dite Yvonne, avec Joséphine Lavolle, dite Manon. On reprocha à ces coupables les faits pour lesquels nous venons de les admirer. L'avocat général gourmanda Sarah Brown d'avoir, par les résilles de son maillot, laissé déborder les laiteux contours de sa nudité de rousse. La Goulue n'était que témoin à charge. Elle invoqua sa candeur, sa robe d'innocence, sa surprise d'avoir vu, envahi par une troupe de femmes inconvenantes, le plancher ordinaire de ses prouesses. Elle n'avait, dit-elle, éclairci les plis de sa jupe que pour ne point, par un costume trop austère, détonner dans ce milieu où sa chasteté, cette nuit-là, souffrit le martyre.

Le tribunal fut d'une ironie charmante. Les délinquants étaient poursuivis en vertu de la pudeur de M. Bérenger, ils furent condamnés ; mais, en vertu de la clémence de M. Bérenger, ne firent pas leur peine. Le courroux de l'honorable sénateur, avec la lance d'Achille, a de commun qu'il guérit les blessures qu'il fait. « Attendu, dit le jugement, qu'il y a lieu de tenir compte aux prévenues de ce qu'elles n'ont jamais été condamnées et aussi de ce que, dans la circonstance, elles ont cédé à un entraînement général dans le monde des ateliers où elles sont modèles... »

Manon, dans le même moment, poursuivie pour le bal Fin de siècle, ne s'en tira pas à si bon compte : elle eut quinze jours de prison sans sursis. Cette aventure la lança... Du côté de l'Arc de Triomphe, une demi-mondaine attache au char de sa fortune des gens de finances et des millionnaires. On la nomme Manon d'Orient : c'est Jeanne Lavolle, des Quatr'z'Arts. Elle ne pose plus : elle fait poser.

Le quartier Latin s'émut. Il conspua M. Bérenger. La police protégea le vieil homme, si sévère, dans son âge mûr, à des plaisirs que sa jeunesse n'avait point boudés. Une collision éclata entre étudiants et gardiens des brigades centrales. On dégaina. Les tables de café du boulevard Saint-Michel servirent de projectiles. Un porte-allumettes, lancé par on ne sait qui, atteignit un consommateur au café d'Harcourt, un commis, M. Nuger, qui eut le crâne fendu. Il mourut de sa blessure. Le cri sinistre, qui précède les révolutions, retentit sous les vertes frondaisons du Luxembourg : « Vengeance, on assassine nos frères ». L'émeute gronda, formidable, dépava les chaussées. De ces barricades, qu'on n'avait pas revues depuis 1871, s'édifièrent au quartier Latin, barricades classiques sur lesquelles on meurt pour vingt-cinq francs. Personne toutefois n'y mourut. L'affaire manquait de députés ; il n'y avait guère que des candidats. Seul, le poète Jean Carrère y fut blessé par un singulier projectile : un os de mouton.

L'anarchie était à son apogée. Elle se glissa dans les rangs de la jeunesse des écoles, qui se trouva bientôt suivre, sans trop s'en douter, des chefs occultes, terriblement révolutionnaires. Les carreaux du préfet de police volèrent en éclats sous les pierres. Les kiosques flambaient comme par enchantement; des flammes de pétrole tourbillonnaient autour des omnibus; la nuit, des balles de revolver sifflaient aux oreilles. L'Élysée tremblait. Le chef de l'État, troublé par la légitimité de son action, songeait à s'effacer devant un vote hostile des Chambres. Mais ce fut le préfet qui se retira; et les brigades centrales, de ce jour, réprouvées, changèrent... de nom. Quand Marcel disait : « Que de choses dans un menuet », il était loin de supposer qu'il y avait jusqu'à une révolution.

Ces sinistres événements auraient pu tuer le bal des Quatr'z'Arts; mais il avait la vie dure; car il était dans la vérité, en dépit de toutes les clameurs, de toutes les dénonciations et de tous les procès. Il représentait un idéal d'art, et l'idéal ne meurt point des coups que les aveugles lui portent. Comme si rien ne s'était passé, il recommença à son jour. Pour ne plus laisser à un seul la responsabilité de cette fête, les ateliers avaient nommé une commission de quinze membres, parmi lesquels six membres furent choisis, qui signèrent bravement la pétition présentée à la préfecture de police.

L'invitation, dessinée par le frère du condamné, Albert Guillaume, représentait la scène classique de la Résurrection : les Quatr'z'Arts, quatre jolies petites femmes, sortant du sépulcre pendant le sommeil de leurs gardiens — de la paix.

Triste plaisir que la crainte peut corrompre! Le souvenir des événements tragiques planait sur l'assemblée et modifiait, dans une mesure fâcheuse, la beauté caractéristique de cette libre fête. Le nu y était proscrit sévèrement; l'hypocrite maillot mentait sur la chair des modèles qui posaient les déesses; les tuniques étaient serrées au col, les jupes descendaient bas, les étoffes étaient sourdes à la curiosité, jalousement épaisses et tirées comme d'importuns rideaux sur l'harmonie des lignes. Le prêtre, dont parle P.-L. Courier, qui ne voulait point que les châtelaines vinssent au prône en robes de chasse, closes et montantes, qui ne les y tolérait qu'en robes de cour, décolletées, se fût indigné de cette assistance puritaine. Gérome lui-même, Gérome qui a dévêtu Phryné comme suprême raison, s'écria : « Alors, quoi, l'Armée du Salut » !

Le défilé s'accomplit cependant avec la majesté coutumière : l'atelier Lalou reconstituait une procession bouddhique; Bouddha était une délicieuse fleur de lotus, nommée, dans le monde des artistes, Pinsonnette. Quatre Romains de l'atelier Redon portaient Mlle Germaine sur un palanquin. L'atelier Gérome suivait, en bateau, ramant avec des palettes dont une seule, celle du maître, était glorieusement barbouillée. Les druides de l'atelier Merson escortaient une Velléda joueuse de harpe. Et c'étaient des bannières, et encore des bannières, escortées de masques à pied. Le défilé dura longtemps. Quand il se fut évanoui, on demanda les danses.

La plus prisée dans les ateliers est la danse du ventre. On s'assied en rond autour d'un ou deux modèles qui font la belle Fatma. Le vertige les gagne, elles perdent le sens des choses, et d'ordinaire, un à un, elles perdent aussi leurs ajustements. C'est un plaisir de pacha, fort goûté aux Quatr'z'Arts, que ces ondulations giratoires d'un abdomen que semblent secouer on ne sait quels spasmes qui seraient des coliques; mais, cette année-là, tant la terreur de la Ligue était grande, la danse du ventre fut défendue. Il n'y eut d'autorisé que les valses innocentes et les bourgeoises polkas.

L'an suivant, le bal rassuré reprit son aplomb. Les loges se multiplièrent; la décoration de la salle fut complète. Dans un décor éblouissant, une foule s'agita, bariolée avec un goût parfait, riche en trouvailles ingénieuses, dépassant ce qui s'était tenté de pareil jusqu'à cette heure, d'une supérieure envolée d'art.

On allait du mieux au mieux. L'année d'après, les loges étaient d'une fantaisie éblouissante. L'atelier Julien siégeait dans un cabaret, l'atelier Comon dans une caverne, l'atelier Daumet dans un enfer, l'atelier Gérome dans une mosquée ; les graveurs avaient une baraque de saltimbanque. Le cortège était somptueux, trop peut-être; il avait délaissé les palanquins, très suffisants, dans une salle, pour des chars qu'avec peine, sur le parquet glissant, traînaient des chevaux. L'ensemble des effets spéciaux à chaque atelier était d'une richesse de rajah. Note assyrienne avec le taureau de Baal, indienne avec l'éléphant monté, vénitienne avec la gondole sur roues, bouddhique, bohémienne, égyptienne. C'était encore l'expédition d'Égypte avec un Bonaparte d'un irréprochable profil : le sculpteur Moreau-Vauthier.

Chaque fête, depuis, est en progrès sur sa devancière pour l'ordonnance, le choix et la splendeur des sujets. Il y a tous les ans un atelier qui confine au chef-d'œuvre : tel, en 1896, l'atelier Merson reconstituant la *Notre-Dame de Paris* de Victor Hugo. C'était comme une illustration vivante du roman, dont le sel pittoresque était surtout dans cette truandaille de la cour des miracles, qui avait inspiré des loques si réjouissantes à un cortège de cagous, de tirelaine, de francs miteux et de malingreux que Clopin Trouillefou n'aurait pas désavoués.

L'originalité incomparable de ces bals, c'est la saveur personnelle des déguisements. Le carnaval de la rue, ou de l'Opéra, ou du plus somptueux des salons, est, quoi qu'on veuille, banal. Les déguisés sortent de chez le fripier ou de chez le costumier, ce qui est tout un : le fripier n'étant que le costumier des défroques qui ont vieilli. A leur bal, les artistes se passent de ce double concours. Ils sont leurs propres costumiers. Par profession n'ont-ils pas le sens de ce qui convient à leur physionomie ?

Le costume choisi pour son adaptation est un point : la conception de ce costume en est un autre. C'est affaire encore à ces jeunes hommes dont la mission est de draper le nu selon les époques, les contrées et les conditions. Il ne leur est pas défendu d'être infidèles dans les détails, si l'ensemble est conservé, et de franchement planter un véritable plumeau sur le casque de Léonidas. C'est par là qu'ils sont inimitables et défient tous les Landolff. Ils se déguisent en visant au morceau, comme ils peignent. Ils se veulent donner l'effet désiré, et l'obtiennent par tous les artifices dont ils sont coutumiers, sans négliger la peinture. Leur propre peau reçoit, s'il est nécessaire, une décoration picturale. Ils couvrent leur nudité sous des fresques qui témoignent d'un travail méticuleux qu'on ne saurait décemment demander à des couturières. Les ateliers les moins visités de la fortune sont des embryons de musée. Dans les coffres, sur les chevalets, aux murs, il y a des étoffes fanées, de vieux gilets, des robes tissées par des navettes consciencieuses, avant la mécanique et la chimie. Le bric-à-brac, au milieu duquel se complaît l'artiste, lui livre tout un arsenal d'invraisemblables ferrailles, de bijoux barbares, de bris de faïence, d'anses de pots de chambre, d'anneaux brisés gaulois qui furent jadis la sûreté des hymens, dont le costumé, de la façon la plus imprévue, fait des ornements de chefs, des armures de soldats, les marques mystérieuses et sacrées d'on ne sait quel pontificat.

Transfigurés à souhait, les invités gagnent les hauteurs de Montmartre par les moyens de locomotion les moins ruineux : l'omnibus Clichy-Odéon, sur le coup de onze heures, est pris d'assaut par ces hordes. Des Huns escaladent l'impériale, redoutables et vigoureux, brandissant des haches de silex ; des Romains de la décadence, couronnés de roses, entraînent sur les banquettes des vestales brûlées de feux impurs. L'Amour en maillot, ayant repassé son carquois à sa mère, — une grosse boulotte appelée Vénus dans l'Olympe, et Madeleine dans la voiture, — demande à rester sur la plate-forme pour fumer sa cigarette... « Mais comment donc, mon vieux, lui dit Cinna, je fume bien ma pipe. »

Le départ, — cette folie en omnibus, — c'est déjà charcutonnesque; ce l'est moins que le retour. Le bal fini, une bande s'organise, qui forme le plus extravagant des cortèges. Par les rues endormies, que les cris, les rires et les chants éveillent, cette cohorte bariolée, débraillée, avec des bannières, avec des orphéons d'instruments en désaccord, avec des débris de chars traînés, pantelants, comme les dépouilles d'une orgie de rêve, descend. Elle chante le *Pompier :*

> On dit quelquefois au village
> Qu'un casque ça sert à rien du tout,
> Ça sert à donner du courage
> A ceux qui n'en ont pas beaucoup.

Dans le ciel grisâtre du matin, elle jette une note pittoresque d'une intensité inouïe. Les modèles, dont les nudités transparaissent sous les voiles, avec une impudeur audacieuse, chevauchent les mâles. Troussées à cru, les bras nus télégraphiant, au-dessus des têtes, des appels de ribaudes, elles narguent l'autorité représentée par la consigne des agents solitaires.

Derrière ses persiennes, la bourgeoisie assiste aux turpitudes de ce défilé, et M. Joseph Prudhomme, d'avoir vu, par la fente des rideaux, se trémousser tant de belles filles en costume léger, ne rentre point en sa couche sans ce trouble précurseur chez lui des devoirs que le mariage impose...

D'ordinaire, la troupe folâtre vagabonde au hasard de son caprice. Les incidents de la route règlent son itinéraire et dictent les scènes qu'il lui paraît congru de jouer. En 1897, elle avait un plan. Au programme était prévue l'inauguration de deux bustes dus à la généreuse participation de « l'œuvre des piédestaux abandonnés ». Depuis plusieurs mois, Poussin et Lesueur, dont les siècles — ces eczémas — avaient rongé les épidermes, étaient descendus de leurs piédestaux de la grille de l'École des Beaux-Arts, rue Bonaparte. Les rapins et les « boueux » — entendez les sculpteurs — crurent qu'ils devaient aux bustes absents en substituer d'autres. M. Moreau-Vauthier sculpta donc deux figures : la Pudeur, une candide jeune fille, que sa vertu avait protégée contre les désastres que le vice fait subir aux plus marmoréens appas. L'autre buste, c'était celui d'un personnage que ces jeunes hommes nommaient « le Pudeur ». L'érection se fit avec la pompe accoutumée. Le voile tomba. Un orateur prononça un discours. Un chœur s'échappa de toutes ces poitrines; une farandole échevelée s'organisa, et la bande se dispersa dans le vent frais du matin.

Il ne resta que M. le sénateur Bérenger sur son piédestal, faisant pendant à la Pudeur. Les passants vinrent et s'attroupèrent; les voyageurs des impériales disaient : « Voyez donc » ! Les habitants du quartier, surpris, se demandaient depuis quand il était d'usage d'inaugurer des têtes à l'heure blafarde où on les coupe. L'administration ne fut informée du scandale qu'un peu avant midi. Elle fit retirer les bustes; mais, durant quatre heures, le président de la Ligue avait dû, au bal des Quatr'z'Arts de voir son image édifiée en pleine rue de Paris...

Qu'advient-il des danseurs, le bal fini? Ils se répandent au quartier Latin, dans les tavernes, ou, par les trains du matin, filent en banlieue. Sur la Seine, des yoles manœuvrent que montent des sioux ou des barbares. Sur le boulevard Saint-Michel, déambulent des soldats qui n'ont d'authentique et de moderne que le plumet. On voit des Romains, attablés chez Laveur, qui ne savent rien de la langue de Cicéron. Ce jour-là et le lendemain, et plus tard, des épaves des Quatr'z'Arts sont rencontrées, ici ou là, un peu plus lamentables chaque jour. C'est quelques rapins qui font un vain effort pour se rappeler où, lorsqu'ils endossèrent la tunique, ils laissèrent la culotte, et en quelles mains fidèles sont restées les chaussettes qu'ils quittèrent pour lacer le cothurne.

LE MOULIN DE LA GALETTE

La galanterie a-t-elle tant de cordes à son arc qu'elle peut impunément négliger sa corde d'or : le bal public? Il fut, entre tous ses moyens, le plus gracieux — outre qu'il était, dans sa logique et fort en situation, lascif par essence et voluptueux, dessinant les gestes essentiels, répétant, mime audacieux, dans la lumière crue des lustres, les enlacements, les torsions, les extases de l'amour réfugié sous l'ombre des courtines. Comme entremetteur passé maître, il n'avait pas son pareil pour faire se rencontrer qui, sans se connaître, se cherchait, et, s'étant trouvé, se quittait sans s'être connu. Égrillard sans doute, un peu léger, superficiel et libertin, mais avec une pointe de sentiment à la valse, il plaçait les mains dans les mains, entourant des bras nerveux des garçons la taille des filles, et faisant rapprocher, jusqu'à se confondre, les souffles qui s'embrasaient. Il ne demandait point qu'on dansât, tout bal qu'il fût; on venait comme pour danser. Il était un prétexte. Des flambeaux, des fleurs, de la musique, le vertigineux tableau des couples emportés, une griserie qui montait des corsages où la chair en pamoison haletait : et c'était pour troubler plus sûrement que le plus perfide des alcools. Pour pousser aux capitulations, favoriser les rencontres, berner les tuteurs et déjouer la vigilance des mères, il n'était que le bal public en la dernière moitié de ce siècle.

Et ce bal n'est plus. Chaque jour voit se fermer, pour cause de délaissement, les salles les plus réputées. Ce n'est point la vogue qui se déplace : c'est une mode qui s'en va. Vous courez aux Mille Colonnes : on n'y danse que par occasion, quand il plaît à la Préfecture. Vous poussez jusqu'au Tivoli Vaux-Hall : il est aux sociétés de passage, hors le dimanche; le bal Rivoli, le célèbre Aspic qui eut ses jours fortunés : salle de conférences; le casino Cadet : une imprimerie l'occupe; le Frascati de la rue Vivienne où Métra conduisit les violons : exposition de meubles; l'Élysée-Montmartre est devenu le Trianon-Concert; la Boule-Noire, la Cigale; le Grand-Turc, la Fourmi. Vous dansiez, j'en suis fort aise; eh bien, chantez maintenant. L'Ermitage, c'est un tas de belles maisons austères; le Château-Rouge, ce sont des rues. Les réunions publiques ont achevé la salle Graffard. On parlotte plus qu'on ne danse à Favié. Tout s'en va de ce qui fut le Paris dansant. C'est une surprise de voir, où la Reine-Blanche s'ébattait, le Moulin-Rouge, jeune et joyeux, tourner encore ses ailes.

Autrefois, un homme dans le train avait sa semaine occupée : le lundi, il allait à la Chaumière, le mardi à Mabille, le mercredi à Enghien, le jeudi au Ranelagh, le vendredi à l'Opéra, le samedi au Château-Rouge; le dimanche, il lui était loisible de dîner chez sa mère ou de rester chez sa femme. Nul jour n'est pris par le bal public dans la semaine de nos présents viveurs. La Chaumière, devenue Bullier, ne dérange que les étudiants et les calicots; et c'est tout juste s'il est dans le ton de se montrer au Moulin le samedi. Comme bal en vogue relative, il n'est que ce dernier. Le Casino, où la soirée s'achève dans la salle par un quadrille naturaliste, n'est pas un bal. En fin de compte, il n'est de bal fréquenté — si l'on écarte les musettes et les bastringues qui pullulent par l'afflux d'une clientèle n'ayant plus où danser ailleurs — que Bullier sur la rive gauche, et, sur la rive droite, le Moulin-Rouge. Encore, en ce dernier, serait-il malséant de vouloir prendre part, l'été, à des ébats réservés aux seuls professionnels. La salle d'hiver est moins inhospitalière; on a vu des couples, venus sur la foi de l'enseigne, qui, à l'invite, de l'orchestre, dansaient. On les remarquait avec une douce ironie qui se nuançait de pitié : « Des provinciaux » !

Le pont Alexandre III a dérangé le Jardin de Paris, reporté plus à l'étroit sur le terrain du café-concert de l'Horloge. C'était encore un bal qui prétendait à la gloire de feu Mabille, mais un bal où la danse était interdite à tout autre qu'aux salariés. Qu'y venait-on faire? Ce qu'on va faire au bal public : voir des femmes qui dansent et des femmes qui vous font danser. C'est surtout le marché couvert, c'est aussi l'encan. Le chef d'orchestre tient un bâton de commissaire-priseur : ne vous y trompez pas, il mène les enchères. Cette créature qui se trémousse, ou passe, ou attend, appartiendra au plus offrant. Un quadrille? c'est une prisée : « Messieurs, il y a amateur, à combien? Combien, dit-on?... Il n'y a pas de regret?... Adjugé!... » Et le petit bâton va, vient, tourne, vire, se lève et s'abat : nous sommes à l'hôtel des ventes.

Le croquis des bals publics, c'est le tableau de la galanterie à la fin du xixe siècle. Elle a autant de bals qu'elle présente de classes. La gigolette, l'ouvrière en cheveux de Montmartre, la gamine sans corset ni linge, dont les quinze ans libertinent et traînent la fange, sans déserter l'atelier, a le Moulin de la Galette; elle l'eut du moins jusqu'au carnaval de 1898. La grisette, d'un degré mieux tenue, qui a quelque coquetterie parisienne, l'amour du chapeau et la gloriole des bottines neuves; petit être de sentiment et d'orgueil, liseuse de feuilletons, âme romanesque, gaie et songeuse, sœur de Musette et de Frétillon, volontiers, à Bullier, frétille. Elle aime les rapins et les étudiants ; ils ont des manchettes blanches et des mots drôles. Ils savent des vers; ils sont instruits, et, quand on les trompe, ils ne vous battent pas.

Où va la grisette? Elle meurt de la poitrine, dans des hôpitaux où elle retrouve, chefs de clinique, les amants qu'elle connut internes; ou elle se range et épouse un brave garçon qui deviendra, dans le mariage, le dégraisseur idéal enlevant les petites taches ; ou elle restera « collée » avec son dernier béguin, l'un l'autre, las de changer, s'en tenant à cette épreuve, par paresse. Quelquefois, elle descendra jusqu'à la Seine et s'y noiera. Il arrive aussi qu'elle traverse les ponts et vient sur les trottoirs de l'autre rive traîner ses pas; son éducation d'amoureuse banale est faite. Elle sait boire, fumer, lancer le propos vif et l'œillade leste. Si une marchande à la toilette, qui est aussi sa logeuse, lui fait crédit, si elle a sur le dos une robe ayant du chic, des dessous pas trop déjetés, un chapeau qui soit une enseigne, le Moulin-Rouge lui sera excellent. Elle y trouvera des messieurs en humeur de badiner, bourgeois de Paris et autres lieux, qui lui sauront gré des quelques heures consacrées à leur distraction. Ménagers de leur temps et de leurs écus, il leur suffira de peu pour se dire qu'ils ont bu à la coupe enchanteresse des plaisirs : un instant d'isolement dans les Cythères voisines, histoire de rire quand, aux tables, devant les quadrilles, c'est fini de causer. Tout au plus, s'ils sont harassés, occuperont-ils l'oreiller la nuit pleine. Ils auront, au réveil, le bonjour discret, et leur récompense s'exprimera en une belle médaille d'or frappée à la Monnaie, glissée délicatement sous le bougeoir. « Adieu, chéri. On te reverra au Moulin ?... — Comment donc, meunière !... »

Des meunières de moulin, on peut dire ce qu'on disait de Mme Dubarry : qu'elle avait donné la farine quand elle vendit le son. Elles ne comptent ni parmi les plus jeunes, ni parmi les plus élégantes. Elles appartiennent à une catégorie de femmes qui n'éveillent le désir que par artifices, et n'arrêtent le mâle énamouré que si elles le raccrochent.

A ces moyens ne condescendent point les belles personnes qui adoptent le Casino ou le Jardin de Paris. Elles y trouvent une compagnie plus brillante, où domine l'étranger, voyageur venu à Corinthe voir les belles filles. Elles s'y pavanent en des toilettes d'une excentricité qui échappe à l'Amérique du Sud, et parées de plus de bijoux, vrais ou faux, qu'un plastron de Brésilien. Elles sont au bal comme en soirée, les épaules rosant de chair la transparence des étoffes, et les coiffures jamais assez empanachées. Soupeuses des restaurants de nuit, reines des grands boulevards, elles coudoient dans cette cohue leurs sœurs plus heureuses ou mieux lancées, les veinardes qu'une liaison particulière classa, qu'un entreteneur millionnaire sortit du troupeau et marqua à son chiffre ; qu'un impresario, à court de gros numéros, engagea à monter sur des planches, guère plus hautes qu'un trottoir.

Le Jardin de Paris est le Mabille de ces célébrités du Gotha de la galanterie. Il n'existe que pour elles et que par elles : les danseuses n'y sont qu'en représentation; elles font la parade pour retenir le badaud; la pièce se joue dans les allées; au buffet, au jeu de fléchette et dans les flirts, brefs comme des prix courants, auxquels, renversés mollement dans les *rocking-chair*, on assiste, à travers la fumée odorante des cigares.

Le bal public, où qu'on le prenne, n'est ainsi qu'un marché. Nulle part, il n'est le plaisir pour le plaisir; si ce n'est à la musette, où pays et payses dansent franc jeu, à la vieille mode. À mesure qu'on s'élève vers le décor, le luxe et les belles façons, la moralité du bal s'affaiblit. C'est encore un bal où l'on jouit de danser à la Galette; on se permet quelques fantaisies de jeunesse à Bullier; les après-midi du dimanche au Moulin-Rouge et les soirées du même jour à Tivoli ou à Wagram sont animées d'un mouvement que le régisseur n'organise point. Au delà, plus on monte, et moins on danse; on en arrive à des bals où l'on ne danse plus du tout, comme ce jardin d'Armide qu'est le Jardin de Paris, où le plancher du bal est interdit à tout chausson que l'administration n'estampille pas.

Le bal public n'est plus qu'une des formes de la galanterie publique. Son histoire n'est que l'histoire des femmes qu'on y trouve : gigolettes au Moulin de la Galette, grisettes à Bullier, raccrocheuses et cocottes au Moulin-Rouge, cocottes et demi-mondaines au Jardin de Paris; mais Bullier, c'est, en plus, la jeunesse turbulente des écoles; et le Moulin-Rouge a le prestige d'avoir rénové l'ancien cancan, dont, à l'Élysée-Montmartre, la Goulue et ses émules retrouvèrent les excitants, le cynisme et le diable au corps.

Procédons par ordre et par âge. Où vont ces quinze ans, en cheveux, d'un air si guilleret qu'évidemment l'amour les mène? Ça court, ça vole, ça grimpe, dans une hâte qui n'a rien à perdre du temps d'un plaisir espéré... « On ne fait que monter par ici. Serait-ce le chemin du paradis, petite?... — Oui, Monsieur, nous allons à la Galette... »

Ce Moulin de la Galette est un très vieux personnage. Les historiens de Paris (petite ville située près de Montmartre) en ont parlé souvent dans leurs écrits ; les poètes l'ont chanté, les artistes l'ont célébré dans ses multiples et fuyants aspects. Ce moulin, à vrai dire, c'est trois moulins : un grand, à l'entrée du bal ; un autre, dans le jardin qui est point de vue ; et, derrière, dans les charmilles, un petit moulin de rien du tout, qui a l'air d'avoir moulu du blé pour rire ; probablement un blé destiné, non au pain robuste de la vie, mais à la légère galette que les folâtres et puérils amoureux se volent sur la bouche pour amuser leurs baisers.

On raconte qu'au commencement du siècle ces moulins tournaient encore leurs ailes auxquelles, depuis, tant de bonnets se sont accrochés. Le meunier, qui en était le propriétaire, se nommait Debray : c'était un enfant de la Butte, fils d'un Debray, glorieusement tué sur ses meules, quand les Cosaques, en 1814, passèrent à Montmartre. Ce vaillant repose dans le cimetière de la commune, à l'ombre de la vieille église, sous une stèle qu'un petit moulin surmonte.

Au commencement du siècle, les promeneurs étaient nombreux qui venaient jouir le dimanche d'un site incomparable. S'ils goûtaient quelque repos au pied du moulin, le meunier, dont trente vaches paissaient dans les prés d'alentour, s'empressait à leur offrir du lait et des pains de seigle. Montmartre était pays de vigne. Les promeneurs exigeaient qu'on leur apportât, aux tables improvisées sous l'émeraude des feuillages, ce ginglet qu'Henri IV, disait-on, avait trouvé fameux. Debray acquiesça, versant à larges rasades le vin sincère de sa récolte. Le moulin tournait au cabaret; au laitage faisant succéder la vinée moins innocente, et la galette plus prisée que le pain bis.

Imaginez ce décor ravissant : la colline toute verte, aux abrupts coteaux, sur le versant méridional, plantés de ceps; des champs, des cultures, des bois en bouquets, et, par les sentiers, dévalant, fouaillées de cris, les cavalcades d'ânes, si industrieuses en chutes pleines d'à-propos. Paris est à deux pas; et comme, sur cette hauteur, qu'il n'a pas encore conquise, on en est loin! De ce belvédère idéal, on le surprend dans sa masse imposante, encapuchonné des fumées de ses maisons. Colosse de pierre au pied d'argile! Il monte des guinguettes du voisinage des éclats de gaieté, des lambeaux de polka. On danse au petit Tivoli, sous les vieux noyers; tout au-dessous, un peu à la droite, vers Clignancourt, au Château-Rouge, on danse aussi; on danse encore, plus bas, à la descente de Clichy, au grand Tivoli. Ne serait-on pas mieux, dans la paix du soir qui tombe, à danser sur l'herbe courte? C'est l'heure mystérieuse. Les nymphes crépusculaires l'ont élue pour les rondes qu'elles mènent au bord des étangs. Les poètes, les rêveurs, les amants, à quelque berger qui pousse devant lui le troupeau de ses chèvres, demandent de jouer un air guilleret; l'autre s'exécute. Les couples s'enlacent, tournent ou glissent dans un paysage illuminé de vers luisants. La lumière argentée de la lune découpe, sur le velours étoilé de la nuit, la silhouette frivole du moulin. Le petit père Debray se prête de bonne grâce à ces sauteries, étant lui-même un danseur réputé pour la vivacité de ses entrechats. Volontiers, il s'invite à instruire, dans son art, la jeunesse dont la faim pille sa pâtisserie : c'est l'origine des bals.

Vint l'année 1833, on fit un peu mieux les choses; c'est-à-dire qu'on les fit un peu plus mal. L'habitude était venue de danser au moulin. Contre les surprises des averses, on édifia un abri. C'était plus sûr, c'était moins champêtre. L'idylle s'industrialisait; on glissait à la formule connue des bals-guinguettes, avec l'orchestre poussif et les danses rétribuées; c'était désormais un bal comme tous les bals. Cependant un principe de durée était en lui, puisque, le seul de tous ceux qui furent créés à Montmartre, il subsiste encore. La durée n'est pas un accident, elle obéit à des lois. Ne serait-ce point que le Moulin de la Galette fût, entre tous, libre et jeune?

Il le resta jusqu'au commencement de l'année présente. Considérablement agrandi sur le plan primitif, il était hospitalier à une population locale qu'il eût été téméraire à un passant étranger au pays de vouloir qualifier.

La salle — c'est d'hier, qui ne se le rappelle? — était un hangar vitré. L'orchestre était juché sur un balcon. On avait au-dessous ménagé un tunnel estimé pour la complaisance de ses ombres; il faisait communiquer les deux galeries latérales du rez-de-chaussée, séparées de la salle par une barrière en bois à hauteur d'appui. De petites tables s'y espaçaient, où l'on servait les saladiers de vin chaud et les punchs aux flammes bleues. Le plancher de la galerie supérieure, qui n'était qu'à deux mètres du sol, étouffait la galerie d'en bas où ne se diffusait qu'une lumière farouche. Le décor général était indigent; de médiocres motifs, barbouillés par un artiste forain, avaient la prétention de relever d'une pointe d'art la pouillerie des murs crasseux et salpêtrés. Sur le piédestal de l'orchestre, une fresque déroulait les inventions plus naïves d'exécution que d'esprit d'une ronde sur l'herbe. Néanmoins, on n'avait pas cru user de la supercherie candide d'un tenancier de bastringue qui, pour augmenter le nombre de ses musiciens, en avait fait peindre trois sur la muraille. Une toile unique : les portraits de la Goulue et de Valentin, car un peuple a le devoir d'honorer ses dieux.

Les habitués : c'était Paul et Virginie de Saint-Ouen, soit Charlot-le-Rouquin et Mélie-la-Frisée. La femme et le petit homme : un couple qu'on soupçonne avoir déjà vu, séparé de quelque vingt mètres, le soir, sur les boulevards extérieurs, lui faisant le guet, elle la retape. Il convient de se défier des jugements portés sur la mine : à les mieux examiner, il y a chance de s'apercevoir qu'on se trompe, et que ces jeunes gens se donnent, par chic, la honte de paraître ce qu'ils ne sont pas.

La méprise est facile : lui, c'est un gringalet d'une pâleur blafarde, la lèvre estompée des quelques poils cirés en pointe, d'une moustache dont sa lèvre n'accouche pas, les cheveux brillants de pommade et plaqués aux tempes. Pas de chemise. En a-t-il une? c'est si mal porté qu'il la dissimule. Le linge est suspect : c'est toilette de pante; il n'y a de convenable que le tricot transversalement rayé qui dégage le col, comme le ferait le coup de ciseau de l'exécuteur. L'ajustement se complète d'un veston étriqué, sorte de juste-aux... reins, d'un pantalon large du cou-de-pied, étroit du genou, et jusqu'au cynisme, collant plus haut.

Cet amour du débraillé lui passera. Il sera soldat; il reviendra sous l'uniforme, « chass' d'Af' » peut-être et galonné, étalant des faux cols que l'ordonnance réprouve et faisant bottine de sous-off. Luxe inquiétant dont le prêt ne saurait entretenir la délicatesse. Il ambitionnait cette réapparition au moulin pour les ovations que lui vaudrait l'or de ses manches. Les « camaros » crèveraient de dépit à le retrouver si « rupin », et les femmes diraient, accourues à sa rencontre : « Ce qu'il est bath, si tu savais!... » Mais lui, suffisant, dédaigneux des faciles conquêtes d'autrefois, pour ce qu'il en a eu depuis, « mon vieux, des gonzesses, et un peu girondes », leur tiendrait la dragée haute. « Tu penses si, à Alger ou à Biskra, elles se rinçaient l'œil, besef, les moukaires quand il passait. » Il fait le récit de ses fortunes devant le cercle formé des filles qui l'ont connu gamin sur la Butte, et le revoient dans sa gloire, se disputant la fatuité de son sourire.

Mais macache! sa moustache triomphante a toutes les ambitions. Il a prononcé avec une nuance de mépris : « Les femmes, ici, c'est des gosses ». Il a fort justement caractérisé la clientèle féminine du Moulin de la Galette. Les femmes y sont des enfants. Ont-elles seize ans? Elles y viennent bien avant d'avoir l'âge de Juliette, ô Roméo! fillettes en jupe courte, derrière la sœur aînée, et plus tôt même ; miochonne au sein de la mère qui les allaitait, en faisant tapisserie. On est chez soi à la Galette, où l'on fréquente en voisine, tête nue. Un chapeau, ça gênerait ; on s'est arrangé les cheveux, on les a lubrifiés avec l'huile chipée en cachette à la salade ; on s'est dessiné des accroche-cœur : ça vous donne tout de suite un petit air mutin. Un ruban fripé et sale a fait fontange, et ce qui en restait, tour de cou. C'est tout son luxe de gigolette. Dans ses bottines éculées, elle a des bas sans talon. Si elle a une chemise (elle dit « sa limace »), l'éclat en est douteux et le tissu mûr. Ça la fait se tordre, elle passe les doigts dans les trous : « Un grand jour se prépare », ou « Mince ce qu'on est fadé! De la toile de Perse ». Des jupons? elle? « Vous vous payez sa poire ». Un corset, pourquoi? Voyez-vous pas que sa jeune poitrine, sous le jersey, pointant dru, se moque des avances d'un tuteur? N'y supplée-t-elle point par son geste coutumier, son geste ravissant de chatte qui se flatte, dont elle enveloppe, en ses deux petites mains pleines, les fermes et menues rondeurs de ses seins printaniers?

Elle est du Montmartre qui frise la barrière. Elle est blanchisseuse, feuillagiste, giletière, brunisseuse; elle enfile des perles; elle va en fabrique; elle a un état qui n'en est pas un : auxiliaire d'usine au mouvement machinal, esquintant, qui se répète, du matin au soir, et lui vaut dans les neuf francs la semaine. Elle croupit dans un bouge, au tas, avec les autres mômes, dans un galetas d'où le soupçon de la propreté a rejoint les scrupules de la décence, où la promiscuité instruit, par les ébats plus que devinés du grand lit, masqué insuffisamment derrière le rideau en loques, l'éveil des curiosités dans ses yeux d'enfant. L'oubli de toute hygiène, le mépris de toute pudeur, la négation de toute morale, le joug pesant des lourds héritages ataviques : c'est en ce concours de turpitudes qu'elle s'épanouit — et s'étiole. Où prendrait-elle le sens des élégances, de la parure et de la grâce? La coquetterie féminine est un instinct, — elle le prouve assez, lorsqu'en ce milieu rebelle, le sentiment de plaire la fait se coiffer devant un éclat de miroir, — mais il exige qu'on l'éduque. Ces filles d'extrême faubourg, parias de la mode, nées esclaves du laisser-aller, resteront, dans leurs charmes sans culture, des églantines : mais c'est aux roses que vont les hommages. Leur geste gardera sa drôlerie canaille; leur beauté, son piquant sans étude; leur démarche, son veule déhanchement; quoique, pourtant Parisiennes, elles n'auront pas cette science, chez leurs sœurs innée, du goût. Elles seront toute leur vie de celles qu'une toilette déguise et n'habille point.

Mais en cette négligence d'elles-mêmes, un charme demeurera, particulier : une saveur acidulée de fruit de plein vent qui aura ses gourmets, une spontanéité d'attitudes et de pittoresque qui aura ses adorateurs. Et d'aucuns la préféreront, cette créature expansive, sans coquetterie ni pudeur, dont les vices sans gêne, affranchis des liens sociaux, ont le cynisme si ingénu. Plus garçonnière que fille, vers ses seize ans, grandie dans le ruisseau, élevée à l'école de la rue, la gigolette aime le plaisir comme un jeu de son âge, et s'y jette avec une frénésie que le calcul n'altère pas. Elle est passionnée de la danse, mais seulement à la Galette où les cavaliers ne sont pas de ces petits-vernis qui vous conduisent du bout des doigts, mais « des aminches, des rigolos, des gigolos ».

Ils vous ont l'air de déterrés avec leurs faces de papier à chandelle, mais quand ça danse, ça danse. Et c'est drôle, et puis, ils vous font du boniment, c'est sûr, mais on n'est pas des princesses pour s'en fâcher, pour s'écarter de son valseur avec des airs de faire son étroite. « Penses-tu qu'on serait de ces bégueules qui ne s'appuieraient pas sur le bras de leur cavalier, de peur qu'il sente comme elles sont bâties! » Un petit homme à la Galette, c'est pas plus haut que ça, — car c'est de la petite espèce, — mais râblé tout de même. Ça vous empoigne à pleins muscles, ça vous colle à sa peau, ça vous étreint dans ses pattes, ça vous écrase sur sa poitrine qu'on sent haleter; et pendant la valse, ça vous glisse le feu de ses yeux dans vos yeux. Et il n'y a, entre les lèvres, que la distance d'un baiser!

L'homme aux bals canailles a gardé sa suprématie. Dans l'ancien ballet, la danseuse était au second plan : c'était Vestris qui était dieu. Alphonse l'est resté.

La danse, c'est lui. La femme est un accessoire. Elle figure : il joue. Le « cavalier seul » est son monopole. Quand il a sacrifié à quelques ritournelles confondant les sexes, il remet les dames en place et il impose sa personne. Le solo de la

Goulue appartient à son répertoire. C'est à lui de faire admirer la variété de ses talents, la souplesse de ses membres, la richesse de ses inventions chorégraphiques. Il barytonne du devant ou de l'opposé, tirebouchonne des jarrets, s'écarte les jambes en compas, les replie en losange, en sautant à pieds joints, tandis que ses mains font le geste de pomper; il bat des genoux comme un pigeon des ailes; tourne en cul-de-jatte, la sphère de la culotte formant pivot; saute en crapaud, fait la roue dans un mouvement qui le débraille. Équivoque en des bassesses d'acrobate, oublieux de l'harmonie et du rythme, il est hideux; la galerie pourtant l'admire. Les femmes à ces répugnances applaudissent et ne les imitent pas.

Est-ce effacement, modestie, crainte de désobliger un rival ombrageux? C'est qu'elles n'ont point de dessous. Le quadrille naturaliste n'est pas un art, ce sont des jupons. On lève les jambes quand on a du linge; elles n'en ont pas. La chemise reste suspecte, les bas mal attachés, le pantalon absent : d'où leur tenue discrète. Un battement de jupes sur le mollet, un tortillement de croupe, un chassé du bout de pied qui, du sol, soulève à peine le bas de la robe : elles ne se hasardent point en d'autres variations.

Dans l'espérance de ces joies, elles accourent au Moulin de la Galette, échappées de la maison sous un prétexte : une commission dans le quartier, une veillée chez la patronne : « on a fait des heures ». Le petit homme attend au coin de l'impasse Girardon. Un béguin, quoi! On s'est juré de s'aimer à la vie et à la mort. C'est gravé rue Saint-Vincent ou rue des Saules, sur les murs, avec un eustache. La pointe qui a tracé ce serment, s'il était violé, le vengerait. Est-on amant et maîtresse? on n'est peut-être que des promis. Cette gigolette, vers laquelle louchent les vieux messieurs comme vers un fruit précoce, est digne peut-être encore des blancheurs hyménéennes. Elle n'a plus rien à apprendre, elle a tout à donner. C'est un flirt, un flirt violent, un flirt de derrière la Butte, qui permet les longs baisers appuyés, les gifles, les raccommodements, les coups de poing, les doux frôlements et les caresses d'attente, que la peur d'Agnès limite et abrège. « C'est par là, Monsieur, que les enfants se font »! Cette situation est connue à un kilomètre à la ronde. Une manière de chevalerie rustique solennise ces accords. Les camarades veillent à l'observation d'un contrat où la loi n'est pour rien. Une telle va avec un tel. Elle devient aux autres sacrée. Ils ne permettent à nul d'entre eux de déroger aux règles établies, sous peine de forfaiture. Ils se font les gardiens d'une sorte de pacte d'honneur ; ils préviendraient leur ami d'une défaillance, l'excitant au châtiment de l'infidèle. Et si lui-même se tournait vers quelque autre jeunesse, ils le rappelleraient brutalement à la foi jurée : « Va à ta femme »!

Ce sont mœurs campagnardes ; elles n'étonnent pas qui se rappelle que Montmartre, Clichy, Saint-Ouen étaient encore récemment des villages. Les amours de la veille réapparaissent dans les coutumes d'aujourd'hui ; elles sont appelées à se modifier dans un prochain avenir. L'invasion de Montmartre par les artistes et les ruffians les doit fatalement abolir. Les premiers ont lutté de ruse et de séduction pour enlever aux indigènes les plus jolies filles, bientôt leurs modèles, et, par logique extension, leurs maîtresses. Les seconds ont capturé pour le troupeau d'esclaves, dont ils sont les mauvais bergers, les brebis les plus délurées et les plus perverses. Des batailles réglèrent ces rapts et ces enlèvements qui eurent pour champ clos le sol même du bal dont, en vain, les municipaux faisaient respecter la neutralité. Bataille rangée : la jeunesse laborieuse contre la horde des souteneurs qui tenaient leurs états dans la salle, à l'index et à l'écart. Et tous, souteneurs compris, bataillaient contre ces enjôleurs d'artistes, dont la jovialité, la belle humeur et le gousset qui tintait clair vous pipaient les belles filles comme alouettes au miroir.

Ces fillettes sans atour, dont les tyrannies du corset n'avaient pas opprimé la taille, étaient les modèles rêvés. Les artistes accouraient là, charmés. Sur les tables vermoulues ont bu, ri et chanté les Gervex, les Renoir, les Gœuneutte, les Franc-Lamy, les de Nittis. « Le jardin, alors, rappelle l'un d'entre eux, Henry Detouche, n'avait pas été sacrifié à la salle : il était assez grand pour permettre aux danseurs de s'y ébattre, et sous les globes aux tons d'opale, parmi les tables illuminées des verres de menthe et de grenadine, les quadrilles les plus fous s'exécutaient, se détachant en notes claires sur l'immense panorama de Paris vaporeux. Je les revois toutes dans les toiles de Renoir : Lucile avec sa petite tête fine de souris ; Marguerite, aux yeux noirs de velours ; une autre, très brune avec un petit corps souple de clownesse : le modèle de Stevens, qu'il nommait « le fusil arabe ». Combien manqueraient à l'appel aujourd'hui de ces petits êtres qui, dans la première gaucherie de fillette aux premiers troubles de puberté, ne s'offraient pas encore tout à fait, mais allaient se laisser prendre ? »

Les peintres, sur le chapitre de la toilette, ne sont pas exigeants. Une robe leur importe peu : ne la suppriment-ils pas durant la pose ? Pouvaient-ils s'offusquer que ces fillettes fussent en cheveux ? Ne les aiment-ils pas mieux ainsi, casquées de la soie brune ou dorée de leurs toisons ? Elles n'ont point de dessous affriolants ; mais le dessous, pour des peintres, est le dernier des dessous : celui qui sort de chez cette grande faiseuse,

Mme La Nature. Leur œil exercé devine sous les hardes l'essentiel : les fins ensembles délicatement suivis, les attaches menues, la gracilité des lignes, la fraîcheur de la carnation et sa solidité. Que cela faisait d'idéales Chloris et de troublantes Dianes! Que de déesses, en nos palais et en nos musées, dont l'original fut, un jour, par sa jupe de quatre sous, accroché à l'admiration d'un artiste flânant et fumant sa pipe dans le jardin du père Debray!

La Butte n'est que changement à vue. Le Moulin de la Galette était encore en janvier ce qu'on vient de dire. En février, requinqué, retapé, reverni, reblanchi, fleuri d'astragales, égayé de verdure de grand chic, métamorphosé, sa virginité refaite, la lumière électrique baignant les virginales blancheurs d'une salle dont tout, du vieux décor, avait disparu : le moulin rouvrit ses portes. Des portes triomphales dont les architectes avaient dessiné les capricieux motifs. Au contrôle, se tenaient des huissiers en habit, et l'huis n'était ouvert qu'aux messieurs en cravates blanches. M. de Castellane faisait les honneurs du moulin, qu'une dame de volupté, Clémence de Pibrac, se flattait de faire adopter comme suprême station des nuits de plaisir. M. Debray, le fils, présidait à ces transformations avec une solennité qui l'amenait à repousser la légendaire gigolette, orgueil du moulin de ses pères. « Sans elle, un moulin ! » pleura un peintre. Et un poète de riposter : « C'est un moulin sans ailes. »

La jeunesse dorée adoptera-t-elle cette ascension? Le gardénia n'est point une fleur de faubourg. La pente de la rue Tholozé est bien raide pour des jarrets vannés. Cette transformation a déconcerté toutes les habitudes. La grande Mélie vint, aux appels des lumières, avec son petit homme, Charlot-le-Frisé. Sur le seuil, elle se heurta à l'inflexible consigne : « Il faut une chemise, » dit-on au petit homme; et à elle : « Mettez un chapeau! » Elle demeura d'abord abasourdie, puis trouva le mot juste, que j'atteste, authentique. En cheveux, un ruban au cou, l'accroche-cœur aux tempes, les mains délibérément plongées dans les poches du corsage, hanchée et tanguant du torse, à ce snobisme, esclave du cant qui fermait à la gigolette trop mal peignée l'asile consacré de ses ébats, elle jeta ce cri ironique et profond : « Où est Paris? »

LE BAL BULLIER

Vieillissons-nous? nous disons que le monde vieillit. Le monde est éternellement jeune. Les bohèmes, à la fois sentimentaux et turbulents, dont Murger, dans la simplicité de son cœur et de son style, a conté les prouesses, au premier cheveu gris furent pris d'inquiétude. L'âge leur apportait la sagesse et la réflexion. Ils s'aperçurent que « leur avenir devait éclore au soleil de leurs vingt ans » et que « la jeunesse, en somme, n'avait qu'un temps ». Elle n'a qu'un temps pour chaque homme, mais l'humanité a sa fleur de jeunesse qui ne passe point.

Les générations qui ont dansé à Bullier, ou ne sont plus, ou sont dans le notariat, la magistrature, les sciences exactes, et les rhumatismes conservateurs. Mais d'autres générations sont venues qui ont pris la place des aînées. La folie de la vingtième année, pour les nouveaux venus, a renouvelé son éternelle invite : « Entrez dans la danse. » Ils y sont entrés; ils ont dansé de bon cœur; ils dansent encore, — ce qui est d'autant plus méritoire qu'on ne danse plus guère. Le caractère de leurs pas s'est modifié : ils dansent moins le quadrille, davantage la polka, la scottish et la valse; mais ils dansent. L'âme du père Lahire qui dut rester juchée dans les branches du jardin, tressaille d'une joie très douce; et du haut de la niche solennelle où son buste est érigé, le père Bullier, dans la salle même, leur sourit.

On n'est point frappé de cette fraîcheur juvénile, si, de propos délibéré, observateur assombri, philosophe hargneux et chagrin, on entre au bal, sans, au dépôt des cannes et des pardessus, avoir laissé son âge et ses tristesses. Importuné de ce tapage, on a bien reconnu la porte, encore qu'elle soit un peu modifiée, illustrée de majoliques, de faïences clinquantes, représentant, dans l'art de Della Robbia, les personnages de la vie du Quartier; on a bien reconnu la salle, avec ses portiques, dont l'intention est évidemment d'être mauresques; avec ses ocres avivées à neuf par des badigeonneurs d'un talent sommaire; on a bien retrouvé ses galeries adjacentes, en bois découpé, d'où l'on domine en terrasse, l'animation des groupes; on a retrouvé le jardin avec ses grottes accueillantes, baignées d'une lumière bien élevée, assez vive pour n'avoir pas l'air de savoir ce qui se passe, assez discrète pour ne pas l'empêcher.

C'est un ancien jeune homme, surpris de ce qu'il croit un changement accompli dans le bal, quand il n'y a que lui de changé, qui émet ces réflexions lugubres : « La gaieté fut enterrée là pour toujours, cette gaieté nationale que s'accordent à réclamer les poètes de café-concert, les vaudevillistes du boulevard et des discoureurs de l'Institut. Sur le tard de sa vie, dans ce Bullier aujourd'hui apaisé, Béranger a été entouré et acclamé par les buveurs des tonnelles, par les musiciens de l'orchestre, par les corps en sueur arrachés à la gesticulation des bras et au grand écart des jambes. Une solennité qui comporte un tel épanouissement de joie ne peut avoir de lendemain. On aura beau exciter la jeunesse à manifester son enthousiasme par des mouvements en cadence, jamais plus on n'obtiendra l'hilarité et les acclamations du passé. Béranger n'est venu qu'une fois, c'était dans un autre temps, et il ne reviendra plus. Avec lui, la plaisanterie gauloise a été enterrée aux frais de l'État. »

Discours d'un aîné qui a oublié la déplorable action des verres de l'âge sur nos yeux. Dans ce jardin de Bullier, ne repose point la jeunesse morte. Et la preuve qu'elle n'est point morte, c'est qu'elle danse. Elle danse comme elle dansa aux jours de notre jeunesse à nous, quand la jeunesse et nous ne faisions qu'un. Nous ne dansons plus et le bal nous paraît morose. Il n'y a de joie qu'où nous en portons. La gaieté a ses ressorts en nous-mêmes. Nous l'attendons des lieux où notre ennui cherche sa guérison et ne se guérit point, parce que nous y avons précisément amené notre ennui. La Closerie, la Grande Chaumière, le Prado, évocations délicieuses d'un passé lointain, revivent, sans autre retouche que celles de la mode, en ce jardin, fier de sa cinquantaine. La dépassera-t-il de beaucoup ? Les combinaisons utilitaires ont menacé tant de fois les assises de ce joyeux temple qu'elles finiront bien par l'abattre un jour.

L'étudiant le regrettera. Il y vient, poursuivant la tradition, pareil à ses aînés. L'étoffe de son pantalon n'a point de carreaux, — on est au sombre et à l'uni, — la forme n'en est pas à la houzarde ; le col de sa chemise, rigide, appelle le plastron et non la cordelière. Il fume la cigarette plus que la pipe, mais tente de revenir au béret. Le béret est une pétition de principe. Théodore de Banville y voyait un symbole : « Bien plus sages au fond qu'ils n'en avaient l'air, dit-il, parlant des étudiants de son époque, ils portaient des bérets basques pour économiser les seize francs d'un chapeau de soie. »

Le béret les coiffe encore, distingué par les couleurs des facultés. Il est en velours et moins basque que florentin. Le béret rentre à Bullier avec les honneurs qui ne sont point rendus au haut de forme, coûtât-il seize francs. Le plaisir de l'accueillir mérite à qui l'arbore la faveur du prix réduit.

Charles Lepère, touché par la maladie du pouvoir, reçut dans la politique, se retourna, un jour, sur sa jeunesse, qui s'était écoulée du Procope à la pension Laveur, et de l'École à Bullier. Il eut la sensation que depuis qu'il avait cessé d'avoir vingt ans le Quartier avait pris des rides.

Non, tu n'es plus, mon vieux quartier Latin.

Voilà bien l'exagération de l'âge. Les choses du Quartier allaient leur train, c'était lui qui n'allait plus le train des choses du Quartier. La mère Moreau servait toujours des prunes à l'eau-de-vie au retour des monômes ; on culottait encore quelques pipes sur le divan des estaminets, dans la salle de garde ou à l'amphithéâtre ; et il était de bien chétive importance qu'Amédée eût succédé à Massinot. Le béret, enfin, était si peu arrêté au seuil de la Chaumière, qu'avec force salutations, Bullier en personne, au temps de Lepère politicien, lui souriait, comme ses successeurs lui sourient.

Ceux-ci ne se plaignent que du peu. L'étudiant casanier reste chez soi, ou sur le marbre des cafés, pousse les dominos ; il fait sa partie et se couche tôt, tôt levé pour les cours où il est assidu. Il ne suffirait point à animer Bullier, sans les artistes de la rive gauche et surtout les commis ; ces derniers nombreux le dimanche, et les maîtres de la place. Elle leur est plus disputée le samedi, le jeudi surtout, jour de grand chic, où les écoles donnent d'ensemble, par esprit de tradition. Et par tradition aussi, il y a toujours à Bullier des grisettes !

D'honorables citoyens, confinés dans la tâche austère des pleines moissons, à la veille des automnes languissants, ont proclamé que la grisette qu'ils connurent, en leur avril, était désormais un mythe.

> Où donc es-tu, gentille étudiante,
> Reine autrefois de nos bals sans apprêts ?

Où elle est ? Mais au Quartier, mais à la Closerie, mais sur le boulevard Saint-Michel, qui se nomme Boul'Miche. Où elle est ? Dans sa mansarde, quand ce n'est pas dans celle de son voisin. Où elle gîte ? Aux environs du Panthéon, dans les ateliers de la rue Saint-Jacques, à Montrouge, chez ses parents. Le matin, pour aller au travail, si elle travaille encore ; le soir surtout, pour en revenir, elle prend par le Luxembourg, qui est le chemin des escholiers. Elle jure n'aimer rien autant que la verdure et les fleurs, merveilles de ce ravissant jardin. Elle dit vrai, mais non tout. Elle aime aussi les rencontres. Lorsqu'elle passe, sautillante et vive, elle croise, dans les allées ombreuses où rêve Velléda, ou le long de la mystérieuse fontaine Médicis, des jeunes hommes.

Ils se promènent en de nonchalantes attitudes, tenant à la main ou sous le bras, des cahiers et des livres. Ils reviennent des cours et, entre eux, gaîment devisent, l'esprit aux belles filles qui passent. Ils sont entreprenants et hardis, prompts aux madrigaux, qu'ils tournent de bien galante manière aux oreilles à portée de leurs voix. Se fâcher ? ce serait mal reconnaître des gentillesses dites avec un art qui chatouille. Leur sourire est plus honnête.

On voit dans cet ancien parc royal des messieurs, détachés des bonheurs humains, dépensant la patience généreuse de leur cœur à donner à manger aux oiseaux. Ils leur tendent des friandises au bout des doigts. Les affamés devinent l'intention, volètent autour du poing, s'assurant qu'il n'est pas, avec ses succulences, un piège tendu à leur gourmandise. Les plus effrontés s'enhardissent, s'approchent, piquent du bec, s'échappent, se rassurent, reviennent, dans leur manège, imité par les poltrons, enfin en confiance. L'Amour est, dans ce jardin, un autre charmeur; c'est bien pourquoi ces jolies linottes, les fillettes sont accourues, sur l'offre de quelques miettes de tendresse, repas tentateur pour l'éveil de leurs appétits. Prenez garde, petites oiselles, l'ensorceleur est un oiseleur. On l'a remercié d'un sourire pour la joie si séduisante de ses fadaises; le lendemain, on osera une œillade, le surlendemain un mot; un dialogue s'engagera... et vous serez prises, grises linottes, grisettes !

Ce sera l'amourette et ses rendez-vous, le platonisme écourté des préfaces sentimentales; puis, un dimanche, le saut dans l'inconnu. L'heure si délicieuse prolongée jusqu'au lendemain, la peur du retour chez la mère alarmée et grondeuse, l'âpre bonheur caché dans le garni devenu nid — une situation extra-conjugale qui se peint d'un vilain mot : le collage. Union qu'on sait éphémère, sans trop y penser, en enfants prodigues gaspillant les trésors de la vingtième année. Le quartier Latin n'est fait que de ces amourettes, d'une allégresse éclatante qui rit au nez de l'adversité. La pension servie par les vieux au fieu, futur grand homme, est maigre, même enflée des carottes qu'il tirera. On vit de peu, dans cette chambrette si étroite quand on était seul et devenue spacieuse, maintenant qu'on est deux. Le soleil de la jeunesse la visite, les illusions l'embellissent; on y est amoureux sans ardeur farouche, sans affirmation de propriété, à la bonne franquette et de belle humeur. Le pain bénit de la gaieté y est souvent rassis, mais on a des dents.

Elle adore cette vie de bohème, sans horizon, l'oiselle apprivoisée sous les arbres du Luxembourg; elle a quitté l'atelier et les siens, par romantisme, sans un sou vaillant et sans un jupon. Elle n'a toujours ni sou vaillant, ni jupon. Une aubaine inespérée, comme le *Larousse* en gage, a fait d'un étudiant « dans la purée » un amant magnifique; il vous équipe sa petite de la tête aux pieds. Cela lui revient dans les quarante-cinq francs; ce n'est pas une toilette de chez Worth ou Doucet, mais la fille est jeune, et la jeunesse va à toutes les robes.

L'hiver, le Luxembourg est fermé aux aventures : il y a Bullier. Au bas du grand escalier, à gauche, dans la partie du bal la plus délaissée, se trouve un banc. Des jeunesses l'accaparent qui, de la soirée, si on ne les y vient chercher, n'en bougent plus. On le nomme le « Banc des veuves », celles qui s'y asseoient n'ayant pas d'époux. Il y a toute apparence qu'elles en cherchent. Elles sont timides et parées de leur mieux, mais à peine; leurs gants défraîchis cachent des mains laborieuses, rougeaudes ou anémiques; l'index gauche martyrisé par l'aiguille. Elles sont venues au bal comme elles seraient allées au jardin, en curieuses, de cette curiosité qui perdit Ève. Toujours deux ensemble, — la plus romanesque, celle qui brûle ses yeux à lire le soir les auteurs célèbres, dans les éditions à soixante centimes, — entraînant l'autre. Au sommet des degrés, elles ont promené, dans la salle, les tempes en feu, un regard affolé, prises de l'envie de fuir et de rester, la conscience inquiète, ballottées du devoir au désir. Elles n'ont vu tout d'abord, à proximité, que ce banc en retrait, dans une sorte de pénombre. Elles sont allées s'y asseoir. Maintenant, assises, elles redoutent qu'on leur parle et le souhaitent, venues dans le projet de rire et tristes à pleurer. Ces hommes qui passent se détourneront-ils sur elles? Sont-elles si mal ou si mal mises qu'elles seront dédaignées? Quand la femme capitule, c'est presque toujours l'orgueil qui livre aux assaillants les clefs de la place.

Elles sortiront peut-être sans avoir été ni remarquées, ni vues. L'attention des jeunes hommes va à de plus folles, qui n'en sont plus à trembler d'angoisse dans l'espoir secret des initiations. Aimables brins de gamines espiègles et fantasques, gauchement nippées, coiffées à la va-comme-je-te-pousse, rarement jolies, mais toujours drôlichonnes et jeunettes. On les connaît et cela les flatte énormément. Elles ont passé des lèvres de l'un dans les bras de l'autre, sans exciter la jalousie d'aucun. Vestales du plaisir, petites reines des fêtes, ordinaires compagnes des nuitées, on les a vues dans toutes les chambres d'étudiants et tout le quartier, dans leurs chambres, les a vues. On est certain de les trouver à toute heure de jour ou de nuit quelque part, aux environs de la rue Racine ou de la rue Champollion. Elles sont fidèles, comme sont fidèles les chats, à leurs habitudes; fidèles au boulevard Saint-Michel, fidèles à Bullier, fidèles au d'Harcourt. C'est la gloire d'aucunes, dont l'amour ne passa jamais les ponts, de s'écrier, fières de cette constance : « Je n'ai jamais trompé le quartier Latin. » Elles sont à tout le monde, mais à un même monde, femmes d'amis très unis, qui ont à peu près les mêmes couches. C'est comme un mariage, mais elles ont épousé la Sorbonne.

Toujours en train, toujours en joie, espiègles comme des

fillettes qu'elles sont presque. Perverses? elles n'ont pas le vice compliqué; ont-elles seulement du vice? Ce sont de bons garçons; pas plus d'impudeurs que les hommes, après tout, ni plus d'inconstance. Changeantes, parce qu'ils changent. Mais où les paie, constate une morale sévère, par là, donc, elles ne sont point des grisettes ces filles de Bullier, mais des filles.

Distinguons.

Elles ne demandent pas d'argent pour elles; elles n'en ont nul besoin. La caisse d'épargne leur est inconnue; voulussent-elles y porter, qu'elles en seraient pour leur ambition; l'étudiant n'est pas assez riche pour constituer des dots aux courtisanes qui, sur leurs vieux jours, se paient, avec la tirelire de leurs bas, un homme légal. Une statistique, due aux élèves des cours de M. Levasseur, établit que, l'un dans l'autre, elles se font environ cent cinquante francs par mois. Au prix ordinaire de la vie, qu'une stricte économie ordonne, ce n'est qu'à peine leur entretien et leur loyer, le cornet de frites qui constitue leur repas du matin, la note de la blanchisseuse, les soins du coiffeur et les cachets de bain. Quand elles ont tout payé de droite et de gauche, leur poche est aussi aride que leur gorge, on sait combien desséchée. La petite pièce laissée sur leur table, le demi-louis accueilli avec transport, ou la large pièce de cent sous qui fait plus d'épate qu'elle ne vaut, ont acquitté tout au plus l'indispensable. L'abandon de leur corps, à tout bien calculer, fut gratuit. Elles donnent vraiment, et au delà, à qui croit acheter. Elles y ajoutent, admirables d'abnégation, une variété d'expression qui n'est point jouée : de vrais délires, de jolis cris de passion, et la claire fanfare d'un printemps qui rit dans votre chambre, saute et babille, et vous laisse tout grisé de son ivresse.

Cette créature n'est point collante; elle n'attache pas un

prix exorbitant à ses faveurs, elle tient à ce qu'il y ait réciprocité, pour ce qu'elle prend à l'étreinte autant de plaisir qu'elle en apporta. Elle n'a pas vu là une affaire, mais un échange. Elle s'en va comme elle est venue, de prime saut et sans souci, pour recommencer plus tard, demain, tout à l'heure, sans trêve, enchaînée au désir des mâles, à son propre désir sans cesse refleuri. Elle est la grisette de Bullier, l'éternelle grisette, et d'autant la mieux nommée qu'elle est vêtue de ce gris des toilettes pas chères. Petite sœur grise des pauvres... étudiants.

Voilà-t-il pas d'où viendrait la méprise? Elle ne règne pas à Bullier sans partage. D'autres qui y fréquentent, le jeudi surtout, appartiennent indifféremment à l'une ou à l'autre rive. Celles-là se veulent bien mises; elles entendent dîner tous les jours à heures fixes et se prélasser dans des mobiliers à elles. Ces prétentions exorbitantes les ont conduites à écarter les madrigaux qu'elles nomment « du chichi ». On ne leur fait pas du « chichi »; ce sont des commerçantes sérieuses en amour, l'étant en affaires. Elles viennent au Quartier et ne sont pas « les femmes du Quartier ». Elles n'y ont que d'incertaines attaches. L'École de droit, qui prise le linge fin, fait estime de ces personnes; elle les dispute de haute lutte à des messieurs au teint olivâtre qui représentent, sur la rive gauche, de lointaines Vénézuélas. Car le rastaquouérisme a fait quelque ravage dans la colonie étudiante. La création des voies nouvelles a modifié aussi, en l'atténuant, sa fantaisie. Les larges percées, les boulevards rectilignes, les maisons correctes où l'on dit son nom passé dix heures, ont enlevé au Pays latin quelques-unes de ses franchises.

Bullier s'en ressent-il? Se ressent-il de la disparition des ruelles étroites, fermées aux philistins, où l'on vivait sans la tutelle des préjugés, débraillés, insoumis à l'usage, et le guet tenu à distance? Ces métamorphoses ne l'ont pas laissé insensible. L'exubérance a mis une sourdine à ses effets : on y danse beaucoup, on y « chahute » moins. Le Bullier d'il y a trente années se personnifiait dans un jeune homme hirsute, autant que possible blond, coiffé d'un large chapeau de feutre, habillé d'étoffe voyante et quadrillée ou de velours; la pipe d'une main, la blague de l'autre, il se livrait au plus abracadabrant des cavaliers seuls, devant une demoiselle en caraco et en bonnet qui était Musette ou Phémie. Ce sont là façons disparues, si ce n'est chez certains rapins qui les rappellent dans des gestes préhistoriques.

Le quadrille qui se prête à ce pittoresque n'est plus demandé; quelques adolescents l'exécutent vis-à-vis de filles médiocres, sans galerie qui les encourage et dès lors sans notoriété. Les hommes qui le dansent sont pour la plupart étrangers au monde des écoles. Ils ont une allure équivoque, mais flairés de près ne sentent pas trop la marée. Le chahut né à Bullier en est sorti et n'y est point revenu, du moins pour, à nouveau, y rester. Il y essaya une intrusion en descendant de Montmartre, avec des gloires proclamées là-haut. Il ne réussit point. C'était bien fini pour Bullier des triomphales soirées d'Aline la Provençale ou d'Henriette Zouzou.

> Henriette Zouzou,
> Jeune nymphe fidèle,
> Pince avec zèle
> Un pas chicard,
> Pas fadard,
> Mais plein d'art.
> Tout cavalier,
> Carabin, bachelier,
> Avec Zouzou
> Pense à faire joujou.

Cela se chantait, aux environs de 1863, sur l'air de la *Retraite des Zouaves*. Il n'y a plus de chahuteuses (on eût dit alors de « rigolbocheuses ») pour inspirer à la muse badine d'aussi délicats accents. Tout cavalier, carabin, bachelier ou simple garçon épicier, à Bullier, ne se donne que des exercices discrets, et non sans plaisir. Il vient du pays, il garde en lui avec l'accent natal, un peu des mœurs de son terroir, qui étaient cordiales et naïves. Il en est resté, candide sous son vernis de scepticisme, à la cour sentimentale qu'on fait aux filles, le dimanche, quand on a dansé très honnêtement, au village, sur des airs simples et familiers.

En dépit de l'éclat de rire qu'y claironne la grisette, ce moineau franc de la cité, Bullier n'est à Paris qu'un grand bal de province.

LE QUADRILLE NATURALISTE

Entre les belles nuits de Mabille et les beaux jours de l'Élysée-Montmartre, entre Mogador et la Goulue, s'écoule toute une période d'oubli et d'indifférence. On disait mort le cancan. Les balles de 70 avaient tué le chahut. Méconnues, délaissées, figures trop légères pour un peuple qui se reprochait, comme ayant hâté sa défaite, les frivolités de ses jours de splendeur, les célébrités chorégraphiques, tant acclamées jadis, devant l'inattention de la foule achevaient de s'évanouir.

Hortense-la-Miteuse terminait ses manifestations épileptiques dans un cabanon de Sainte-Anne. Gabrielle-la-Grêlée, exilée à Londres, y tenait un bar. Finette, comme la Phémie de Schaunard, achevait sa destinée en boutique, dans la teinture et le dégraissage. Rigolboche, en province, dépensait sagement les revenus d'une petite rente constituée par un amant libéral et prévoyant. Mogador était comtesse Chabrillan ;

femme de lettres, assidue aux premiers; elle remplissait d'encre de la petite Vertu son écritoire pour couvrir de ses confessions enjolivées les pages de ce qu'elle nommait ses *Mémoires*. La grande Clara, au pied entre tous agile, donnait sa main à Colbrun le comique. Louise-la-Blanchisseuse épousait Challier, le « petit bossu parisien ». Esther la brune, en province, par son mariage, dirigeait une imprimerie achalandée. Lisette-le-Modèle, à la Villette, se mariait en légitimes noces à un charretier. Rose Pompon, enlevée par un Cantacuzène, descendant d'empereurs de Constantinople et hospodar bon teint, ayant perdu son protecteur qui se tua, fila en Russie, y ensorcela un boyard; la nostalgie de Paris l'ayant reconquise, elle vivotait à Chaville dans une retraite bourgeoise, sous le nom placide de Madame Félinet. Rigolette, Sosie de l'Impératrice, qui devait mourir comme un chien perdu dans les fossés des fortifications, était dite, dans les maisons de rendez-vous, comtesse de Matignon, du nom d'un amant qui avait aimé, en elle, les cheveux ardents de la souveraine déchue.

Au firmament de la chorégraphie populaire, toutes les étoiles avaient filé, quand on signala — c'était vers 1885 — un astre qui se levait sur Montmartre. Il s'y couchait aussi; le fait était public, et nombreux ceux qui en témoignaient.

Rose et blonde, dans les dix-huit ans, figure vermeille de bébé volontaire et vicieux, le nez aux ailes impatientes et mobiles, un de ces nez de renifleuse d'amour que gonfle la mâle odeur des châtaigniers et des foins coupés aux senteurs énervantes; la bouche gloutonne et sensuelle; le regard effronté et provocant; le col d'une chair laiteuse, librement dégagé du corsage : une petite blanchisseuse avait retrouvé d'instinct le cancan. Gamine, dont la prime adolescence s'était trémoussée à la

Galette, dans de fameux vis-à-vis, elle avait donné la réplique aux danseurs admirés des sûres connaisseuses; et de la Butte était dégringolée, en pinçant son chahut, à la Boule-Noire et à la Reine-Blanche. Le jour où la munificence de ses amis la dota d'un chapeau, elle franchit le seuil de l'Élysée-Montmartre. Elle y fut une personnalité tout de suite, traînant à ses jupes, comme chienne au carrefour, la meute des hommages. Tout en elle était spontané et sincère; c'était la belle fille qui ne soupçonnait ni pudeur, ni contrainte, dont la nature, débordante de sève voluptueuse et de charnelle vitalité, s'épanouissait dans toute sa fleur ingénue et perverse.

Elle s'appelait Louise Weber à l'état civil; on la nommait, pour son formidable appétit, la Goulue.

Ce qui appelait en cette curieuse fille si adroitement casquée de la torsade en cimier de ses cheveux blonds — qui, ainsi relevés, libéraient une nuque où courait l'or pâle des frisons fous — c'était la franchise, non de sa gaieté, elle ne savait ni rire, ni sourire, mais de cette joie active que Rubens traduisit dans l'allégresse pleine et rubiconde de ses lourdes déesses. Son teint s'animait à l'appel du plaisir, où elle accourait, à la fois solennelle et canaille, toujours en train, bon jeu et bon argent, ivre d'enivrer, sans étude, sans méthode, inconsciente des règles de l'harmonie, que pourtant elle observait, en cela comme en le reste, impulsive et toute de hasard, l'oreille à l'orchestre, les yeux partout. Ses jambes aux fines attaches avaient une souplesse d'acier : elle les maintenait sur les pointes, en danseuse experte, qui aurait fait ses écoles. Massive par l'ensemble, bouffie plutôt que grasse, moins Parisienne que Flamande, quoique Parisienne, et comme échappée d'une kermesse.

Ce qu'il y a en elle de pesant, se distrait dans la violence calculée de son chahut, dans la pétulance inconsidérée de ses gestes imprévus, dans le plaisir sournois qu'elle met à attiser le jeu des concupiscences. Elle dialogue avec les désirs dont elle lit la progression dans les flammes dardées sur elle ; elle sait où ils tendent ; elle les mène au paroxysme de l'aveu, par la fuyante et répétée promesse d'une vision que les dentelles ne tiennent jamais tout à fait. Impure Circé, surveillant du coin de l'œil la métamorphose, elle s'ingénie à la trouvaille du suspect et du pire. Elle provoque par l'étalage du nu, ou ce qui s'en devine, dans le tapageur fouillis des dessous, à dessein, ménageant entre la jarretière et le premier volant du pantalon qui glisse, quand la jambe se redresse, un large échantillon de sa peau nue. L'étoffe transparente voile à peine le reste. Elle en mesure la fascination qu'elle excite par degré, de figure en figure, plus hardie, invitant aux explorations saugrenues les curiosités maladives, précisant le jeu des ombres dans la gamme rose des entre-deux. L'invite est brutale, sans ménagement, sans grâce féminine, bestiale presque chez cette belle fille de chair, dessinant les rébus lascifs de son imagination souillée, en torsions des membres et en brusques saillies du flanc. L'apothéose de ce manège rythmique, où tour à tour s'emploient son ventre et ses reins, c'est, dans une dernière audace, pliée en deux, pour en mieux accuser l'ordurière intention, son retroussis callipyge, par les jupes insolemment relevées sur sa croupe tendue.

En face de la Goulue se tenait Grille-d'Égout, vivant contraste. C'était la même danse et la même danseuse ; c'était une autre femme. Celle-là, de maintien modeste, distinguée, pourrait-on dire, si cet adjectif ne répugnait à s'associer au chahut. De sa personne, alors délicate et frêle, émanait un charme qui, pour n'emprunter rien à la beauté, n'était pas moins victorieux. Les traits étaient d'une grisette aimable, d'une petite ouvrière qu'un coup de vin aurait égayée : Mimi Pinson qui serait, en revenant de Suresne, Mimi-Pompon. L'œil doux, grave, traversé de folâtres éclairs, la frimousse avenante et la bouche point rieuse aux éclats, mais finement souriante, et comme attestant la joie de vivre. Singulière cette bouche : la mâchoire proéminente, poussant dans l'hiatus des lèvres, par la gaieté disjointes, deux dents, deux dents énormes, deux canines. Henri Rochefort en avait été frappé : ces barres sur ce trou d'ombre rose lui semblèrent deux grilles sur un égout. Comme la danseuse n'avait point donné son nom à l'état-civil de la gloire, il la baptisa. Elle fut Grille-d'Égout, *Grille* pour les intimes.

Le sobriquet ne manquait point d'exactitude physique. Il était, au moral, immérité. La bouche de la Goulue, sans cesse déversant la fange, était l'image d'un cloaque ; jamais chez Grille d'ordurières propos, de basses équivoques. Elle affectait une tenue de femme sérieuse, discrète et bienséante. Elle levait la jambe, sans doute, même très haut, décoiffant, si le caprice lui en venait, un spectateur dont le chapeau était à portée de son pied, mais sans provocation déshonnête, sans impudeur égrillarde, sans indécence préméditée. C'était une gaminerie ; ce n'était pas une inconvenance ; une façon de pichenette tout au plus dont l'impertinence se soulignait de son gracieux sourire aux dents de jeune loup.

La Goulue se tordait, lascive et impudique bacchante, comme ivre, et qui plus est, ivre des vins frelatés du faubourg. Grille-d'Égout dansait le chahut, telle une grande dame la pavane, soucieuse de la mesure, musicienne ou visant à l'être, tricotant de ses fines chevilles la tapisserie de ses variations chorégraphiques, dont le dessin était dans sa pensée. Elle « chiffonnait » ses pas, ainsi que, petite modiste, son premier état, les rubans de ses chapeaux. C'était un arrangement de goût et libre en sa fantaisie renouvelée. Dans cette souplesse, dont la leçon lui venait de Mabille, où elle fut voir danser ses devancières, il n'y avait ni canaillerie, ni vulgarité, mais un aimable badinage, dont deux jambes d'un dessin admirablement suivi, auraient été les interlocutrices. C'était le cancan, on ne s'y pouvait méprendre, et cela restait distingué, spirituel et fin. Elle ne s'en tenait pas aux arabesques variées. Elle n'avait point pour des prunes habillé ses genoux de la mousse des dentelles. Dans ces blancheurs vaporeuses, elle se trémoussait, très en dehors et tout à fait correcte, sur un rythme d'allures franches, ambitieuse d'élever son geste, plus fripon qu'affecté, plus espiègle que provocant, à la hauteur d'un art incontestable.

Elle calmait l'outrance de sa partenaire, elle ne l'imitait point. L'autre était, tout à trac, en sa violence charnelle; elle était calculée et méthodique. Son jupon était la cape de la spada, tendu au-devant du désir furieux, l'aguichant, l'excitant, décevant autant que prometteur. Empoigné au bon endroit, relevé au delà des hanches, en éventail, il s'ouvrait, large d'envergure, avec des frémissements d'ailes, sur les mystères espérés. Il les promettait par échappées très brèves, — des éclairs, — et ne les donnait pas. Il bernait l'espoir des concupiscences et des lascivités qui badaudait, par les regards coulissés vers le tourbillon de ces entre-deux mouvants. De fugitifs tons de chair se devinaient dans une éclaircie de dentelles, mais peu. Grille-d'Égout estimait indigne de la science d'une ballerine populaire ce dévêtement qui n'eût été qu'un raccrochage.

Le chahut, qu'on supposait mort, par ces deux créatures était ressuscité; les Parisiens y coururent comme à un spectacle nouveau. A d'aucuns, il rappelait les meilleurs moments de

Mabille, du Château-des-Fleurs et de Valentino. Vous réapparaissiez parmi nous, ombres que l'on croyait évanouies : Pomaré, Maria, Mogador !

Comme pour faire suite à Mabille, sous les ombrages des Champs-Élysées, le Jardin de Paris s'était ouvert, rendez-vous élégant des amours de passage. Histoire de corser l'attrait des réunions, on y transplanta le « quadrille naturaliste » inauguré à l'Élysée. Les sceptiques souriaient de cette prétention : ramener une vogue, sur laquelle depuis quinze ans, on chantait le *De Profundis!* Capricieuse vertu de ces retours : on s'abusait. En matière de plaisir, rien ne meurt. Nos amusettes sont ces personnages fixes sur le ruban sans fin des vieux tirs de foire. Ils passent, s'en vont, disparaissent et repassent. Grands enfants résignés, soucieux de combattre nos ennuis, nous ne quittons un jeu, par lassitude, que pour reprendre un autre jeu, que notre lassitude également avait quitté.

Le quadrille naturaliste alla aux nues, et ses partenaires passèrent au rang d'étoiles. La gloire de Rosita et de Subra pâlit devant celle de la Goulue et de Grille-d'Égout. La scène les convia. Thérésa, à l'Alcazar, fit monter le chahut sur les planches. Elles se donnaient de l'actrice toutes ces drôlesses. N'étaient-elles pas en représentation? Les fauteuils d'orchestre, bondés pour la vue de leurs ébats, leur permettaient de s'écrier orgueilleusement : « C'est nous qui *sons* les artistes ! » A l'apparition de ces fantoches femelles, perdant contenance, le public s'agitait, violemment intéressé, et s'oubliant jusqu'à le laisser paraître.

C'était un événement parisien. La photographie le consacrait. Aux éventaires, rois et reines authentiques, princes de la rampe, des lettres et des arts, souverains de la haute galanterie, se serraient pour faire place aux nouvelles acclamées, peu vêtues, — la Goulue surtout, d'une impudeur impassible, préludant, par le défi de sa gorge librement dévoilée, à la débauche du nu qui soulèverait bientôt tant de rumeur.

L'Élysée-Montmartre, le vieux bal de barrière fréquenté des calicots, des artistes sans avoir et des demoiselles à peu de frais affranchies, n'était pas accessible à toutes les conditions sociales. Il n'était pas encore dans les habitudes mondaines de s'aller encanailler à Montmartre, comme jadis on allait aux Porcherons. Une femme que l'on respectait ne pouvait aspirer à connaître les deux étoiles du chahut; elle s'en devait tenir aux propos de ces messieurs, fort allumés sur ce chapitre qu'ils ne terminaient jamais qu'au fumoir.

Une actrice, enfant gâtée du talent, que ses succès inclinaient à toutes les audaces, fit cette gageure de vulgariser dans la société parisienne le nouveau cancan : c'était Mme Réjane. Sa toilette intime n'avait pas de secret pour le public des Variétés. Il avait appris d'elle les agaceries de la lingerie noire, qui détrônerait, ayant triomphé par elle, jusqu'aux traditionnelles blancheurs des honnêtes dessous. Il apprendrait d'elle, encore, le quadrille naturaliste. M. Henri Meilhac, qui ne lui refusait rien, lui écrivit *Ma Cousine*. Un soir, qui compta au calendrier du boulevard, fut celui où la spirituelle comédienne, devant une assemblée trépignant d'enthousiasme, peut-être de paillardise, s'élança, toutes jupes au vent, dans un fouillis de dentelles et les jambes étourdiment affolées! C'est qu'elle dansait avec la crânerie des professionnelles. Cela ne lui était pas venu de nuit; cette acrobatie ne s'improvise pas. On la lui avait enseignée. Qui? Sa reconnaissance ne se fit point prier : elle nomma Mlle Grille-d'Égout.

Élève et maîtresse étaient enchantées l'une de l'autre. Mᵐᵉ Réjane racontait comment elle prit la leçon : « Du premier moment, Mˡˡᵉ d'Égout — elle avait trouvé le moyen de faire de ce nom abominable, en l'écourtant, une jolie chose dans le sentiment du xviiiᵉ siècle — du premier moment, Mˡˡᵉ d'Égout m'a rassurée ; j'avais le don, me dit-elle. — A quoi voyez-vous cela ? — A la pointe de votre pied qui s'agite quand on joue du piano. » Les leçons se passaient ainsi : Mˡˡᵉ d'Égout dansait devant moi, je tâchais de l'imiter. Ce n'est pas facile ; il faut attraper le coup : lever la jambe et rabattre le pied de façon à montrer un fouillis de valenciennes. Ça m'est venu assez vite. La difficulté aussi est de pincer le jupon au bon endroit : c'est le deuxième volant. J'y suis parvenue. M. Meilhac était radieux. »

Mᵐᵉ Réjane mit à la mode les leçons de chahut. Des mondaines en voulurent tâter. A-t-on trop de talents quand on veut plaire ? Dans son intérieur de petite bourgeoise, humble et décent, où elle vivait en famille, ainsi qu'il sied à une jeune personne qui veut conserver l'estime publique, Mˡˡᵉ d'Égout accueillit, souriante, ses nouvelles élèves. Elle leur faisait des gloses assez brèves. Elle leur disait son sentiment sur la danse, et ses préférences pour les dessous blancs, pour les jupons avantagés de garnitures froufroutantes et les pantalons clos ; le bas fixé aux jarretières, pour éviter l'exposition de cette zone de chair que la Goulue voulait si large. « Les femmes qui montrent leur peau, disait Grille-d'Égout, c'est sale. »

Qu'apprenait-elle à ses élèves, à ces inquiétantes évaporées, certaines titrées, qui sollicitaient de son savoir d'égaler aux sauteuses de bals publics ? Elle leur apprenait le chahut modéré, convenable ; le cancan pour salon, point fatigant, l'envolée des jupons qui ne doit jamais dépasser le genou : « Au-dessus, disait-elle, ce n'est pas délicat. » Elle enseignait encore les pas dansés sur la pointe avec des souliers Louis XV à haut talon; c'était le quadrille dépouillé de son acrobatie, indispensable, mais cruelle, — non, donc, le vrai.

Celui-là s'enseignait aussi, mais à d'autres que les névrosées du monde, aspirant à détraquer leurs muscles dans la proportion où l'était leur cerveau. La gloire de la Goulue avait troublé bien des sommeils sur les oreillers des nuitées paresseuses. Des émules se cherchaient, ambitieuses de l'égaler. Une école où le quadrille textuel serait enseigné se fonda. Cette école était au Moulin-Rouge ce que l'académie de danse est à l'Opéra: une pépinière où le Moulin recruterait ses sujets. Elle fut placée sous la direction d'une singulière petite femme, noiraude comme une prune d'Agen, vive, sans chic, inélégante de gestes, anguleuse et sèche; mal entendue dans le mariage des dessous, négligée jusqu'à paraître souillon, et qu'on nommait Nini-Patte-en-l'air. M{^lle} Nini-Patte-en-l'air avait la manière de former par des bons principes, d'une certaine pureté classique, les élèves dont s'honorerait le chahut.

Cette levée de jambes — de pattes en l'air, dirait Nini — avait ramené la badauderie vers le bal. L'Élysée-Montmartre lui devrait ses derniers beaux soirs. Le mardi — la salle l'hiver, le jardin l'été — recevait une société empressée à faire cercle autour d'une vingtaine de quadrilles évoluant à la fois sous l'archet vigoureux du vieux Dufour. Le jardin était agréable. De vieux arbres l'ombrageaient, associés aux palmiers en zinc, rapportés de défunt Mabille. Un ruisseau serpentait parmi les massifs en fleurs et les roches factices, labyrinthe qui conduisait à un temple de Sibylle, inhabité. Des girandoles couraient le long des allées, et les jours de grande liesse, les pièces d'artifice incendiaient ce décor opéracomiquement champêtre.

Polkas et valses y florissaient; les femmes les dansaient quelquefois entre elles, mais les sexes n'étaient pas encore confinés chacun à part; le couple exigeait l'homme. C'était ce qu'en dénouant les bras féminins enlacés, le « père la Pudeur » expliquait au féminisme trop exclusif de quelques danseuses.

Un type, ce « père la Pudeur ». Il s'appelait Durocher. Il était photographe à ses moments, sinon perdus, à peine employés. Le soir, il se rattrapait de cette sinécure à l'Élysée. Il avait la tâche laborieuse d'y maintenir l'ordre et d'y ramener la décence. Il rappelait à la jeunesse qu'il faut de la tenue et qu'il est séant de montrer, dans la bonne société, quelque distinction. Ses propos étaient empreints d'une sagesse qui s'harmonisait avec ses cheveux blancs; mais sa figure si joviale, ses yeux rieurs de vieux faune et son nez vêtu d'écarlate, semblaient à ses propos donner un ironique commentaire. Il n'était pas ennemi des façons un peu libres, que la clientèle distinguée encourageait; il se bornait à en limiter la licence, pour ne point donner aux municipaux, moins débonnaires, l'occasion de verbaliser.

Concilier les curiosités des messieurs comme il faut avec les prescriptions de la morale publique, était le problème dont la résolution s'imposait à sa sagacité. Il l'avait résolu. Quand Georgette Macarona ou Fernande, — que l'Amérique nous enleva, — ou la Goulue, par gageure, avaient médité de danser le quadrille, nues sous les dentelles, sans ce caleçon dont la Camargo créa la bienséance, il flairait l'escapade, et très attentif à d'autres accords plus innocents, lui tournait le dos. Il ne survenait que trop tard. Garde champêtre respectueux du délit, il prenait alors un air scandalisé, agitant ses bras, et rappelant à la pudeur une inconvenance qui, n'ayant plus rien à montrer, y était revenue.

Le quadrille naturaliste ramenait ainsi partout une verve qu'on croyait éteinte. Métra, lui, faisait décorer une bonbonnière, rue Vivienne, sous le vocable un peu oublié de Frascati. Son bâton magique appelait à lui les reines du quadrille. Il constituait entre elles des concours, renouvelés de ceux de Mabille, et de cette salle Barthélemy, qui donnait, entre autres choses, « un abonnement de six mois aux bains chauds d'à côté ». Un jury de notabilités ultra-parisiennes distribuait des prix, des « prix conséquents », disaient ces dames. La première élue fut une grêle Allemande qui se faisait appeler Sauterelle. L'amour lui avait témoigné quelquefois sa reconnaissance, mais sans prodigalité ; les billets de vingt-cinq louis lui étaient inconnus. Elle eut quelque peine quand, le résultat proclamé, on lui remit entre les mains cette vignette bleue, d'en apprécier toute la numéraire éloquence.

Frascati disparu, Métra ne lui survécut qu'à peine : Métra qu'on voyait traînant à sa suite, étrange et morose, par les méandres de ses promenades noctambulesques, le troupeau des danseuses attachées à ses pas. Mais un temple se dressait qui allait les recueillir.

La ronce et l'ortie croissaient sur un sol abandonné qui, au temps du mur d'enceinte, était bastringue. Une population y fréquentait, affranchie des préjugés, libre jusqu'au défi : la Reine-Blanche.

J'ai une souvenance vague d'une succession de tonnelles pleurant des larmes de rouille entre des murs bas et lépreux. Je crois lire, sur un fronton de bois, qui fut jadis couleur vert guinguette, une inscription délavée par la pluie : le *B*, l'*A* et l'*L* satanique. « Bal, dirait Hugo, reste tronqué du mot Baal ». La formidable idole païenne tint là ses ébats. A la place, on aurait pu construire une bourgeoise et paisible maison de rapport; mais il y a des terrains pour la joie, rien n'y pousse d'austère. La frivolité a part au cadastre. Lorsque le monde fut distribué, à l'origine, entre les vices et les vertus, pères des hommes, la luxure s'en attribua un lot qui était de belle taille. Elle ne l'a point cédé; tout au plus, l'a-t-elle hypothéqué aux heures de trouble. A le bien voir, elle a agrandi son domaine; elle a acquis de nouveaux biens; faites le relevé de ses propriétés foncières et dites si elle ne s'est pas enrichie!

Le plaisir ayant exercé son droit de préemption, architectes et maçons furent convoqués. Mais d'abord Zidler, ordonnateur des bals parisiens, s'adressa à Willette, le priant de dessiner une façade; il l'instruisit de ses intentions, qui étaient de faire signe aux passants en gaieté de monter jusqu'à Montmartre. Faire signe de loin, c'est agiter les bras et s'étudier à vouloir que le geste soit joyeux. Les moulins sont nos maîtres en cet exercice. Comme gentiment ils tournent en nous appelant, activés par les agaceries de la brise! L'artiste dessina donc un moulin écarlate, un moulin rouge, qui s'appareillerait à un décor emprunté, mi-partie au pays de Don Quichotte par sa construction mauresque tenant du cloître et de l'Alhambra, et mi-partie aux chalets des plages normandes. C'était imprévu et heurté. L'auteur de la *Légende des Siècles* se fût plu à y reconnaître une de ces hallucinations architecturales dont les allumettes, en devenant pinceaux entre ses doigts de Titan du rythme, s'amusaient à combler les pages blanches à portée de ses rêves. C'est fou et c'est charmant! Cela rutile et flamboie; gerbes de rubis, feux mobiles, ailes de moulin diaprées, qu'une ronde sans fin agite : l'invite éclatante et gaie!

Le seuil franchi, c'est au bout d'une galerie large, spacieuse, en contre-bas, la salle en charpente, construite d'un bois chaud, les piliers simplement égayés des armes du moulin : une grange décorée pour une noce. L'immense jardin épargné donne quelque ombrage. Un éléphant colosse, au ventre vide, venu d'un certain Palais des fées, créé en 1889, et qui mourut de n'avoir vu que des fées malfaisantes, prélasse, dans cette verdure mesurée, sa majesté orientale.

C'était dans ce Moulin-Rouge, adversaire redoutable des bals établis, que le nouveau chahut allait consacrer sa réputation. Ce temple, il l'attendait. Aux signes que leur faisaient les ailes rutilantes, la Goulue accourut, et Grille-d'Égout et Sauterelle; et toutes, infidèles à l'Élysée, que leur abandon conduirait au suicide.

L'étranger apprit sans trop d'hésitation la route de ce moulin nouveau. Les meunières lui plurent. Il ne voyait là pourtant ni les plus jolies ni les mieux parées : il y voyait du moins les plus excentriques. Elles ne démentaient point l'idée qu'il se faisait, au loin, de ces filles de perdition et de luxure, de ces diaboliques menant à Paris le sabbat des libres amours. Des photographies lui avaient fait connaître la capitale de la France par anticipation. Les artistes qui se chargent de l'exportation des traits qui caractérisent notre génie, avaient multiplié les aspects sous lesquels apparaissaient la Goulue et Fil-de-Soie, Sauterelle et Vol-au-Vent. Ils avaient multiplié, pour les verres grossissants du kaléidoscope, les images de ces dames et de ces messieurs, saisies dans la fureur d'un quadrille; danse panachée de figures extravagantes, comme celles qui représentent ces danseuses chevauchant leurs cavaliers.

L'étranger n'avait pu résister à la tentation de connaître un spectacle aussi délicat. Il était venu, sous un prétexte plus avouable; mais au débotté, il était couru au Moulin-Rouge. Il s'imaginait bien qu'il y avait autre chose digne, à Paris, d'être vu et admiré. Mais son admiration se subordonnait à cette curiosité invincible. Le quadrille naturaliste avait ses premières faveurs.

Il importait en un tel endroit de ne point chômer de danseuses : d'où la nécessité de créer des élèves appelées à doubler les étoiles, si communément filantes. L'ambition de se disloquer ne manquait point à nombre de fillettes en rupture d'atelier, cherchant une situation qui flattait, en elles, l'instinct de paraître. La fortune inouïe de la Goulue tournait ces petites têtes de linotte, comme il en est tant à Montmartre. Pour être acclamées à l'égal des plus grandes, il n'était indispensable, après tout, que de prendre son pied dans sa main levée et de l'amener au-dessus de sa tête; ou encore de se laisser glisser sur le parquet, les deux jambes à la fois. Devant la glace, placée sous l'orchestre du Moulin-Rouge, elles répétaient ces leçons apprises de leurs modèles préférés. Se jugeaient-elles assez instruites pour tenter un quadrille? Elles se lançaient sans linge, ni grâce, soulignant lourdement l'équivoque de ces jambes battant l'air, sous le jupon sottement retroussé.

C'est alors que ce petit bout de femme noiraude et pas jolie, l'air d'une bonne, en humeur de gaillardise, et payant le bal à son *tourlourou*, mais entraînée jusqu'à paraître entraînante, serait celle à qui Oller le victorieux, successeur de Zidler, confierait le soin de sa pépinière. Elle s'appelait Hervé. On la nommait Nini. Un ami du général Boulanger, ajouta à son nom un qualificatif imagé : Patte-en-l'air. Médiocre dans le nombre où elle ne se distinguait que par la sincérité de sa conviction, elle eut l'idée d'ouvrir un cours de chahut pratique. Elle n'entendait point, comme Grille-d'Égout, initier des femmes du monde, mais former à son image de jeunes personnes désireuses d'arriver à toutes jambes, et même, à l'occasion, ventre à terre, aux premiers rangs de la chorégraphie galante.

Quartier Bréda, rue Frochot, au fond d'un couloir enténébré. Prenez garde, il y a quatre marches. Vous y êtes ; vous êtes chez Mme veuve Monnier. La maison est convenable, bien habitée ; on n'y loge point de créatures, Mme veuve Monnier s'est donnée comme professeur de maintien. On lui a loué un petit logement bas de plafond, où elle a empilé un mobilier d'institutrice, sévère et pauvre. Elle n'a pas attendu longtemps les élèves ; il lui en vint aussitôt qu'installée. C'étaient des personnes point trop affichantes ; si leur tenue toutefois laissait à désirer, la concierge n'en marquait pas de surprise : elles cherchaient en Mme veuve Monnier, le professeur qui corrigerait leurs écarts. La plupart, la leçon finie, s'en retournaient. Elle en logeait quelques-autres, quoique à l'étroit. Son enseignement prospérait. Elle avait de nombreuses visites aux heures des cours : des messieurs d'âge, très bien, en qui l'on pensait, dans la maison, saluer des inspecteurs d'académie. Il y avait méprise. La veuve Monnier n'était que Nini-Patte-en-l'air, et ces messieurs ne venaient que suivre d'un œil égrillard l'éclosion des talents que le Moulin-Rouge attachait à sa fortune.

C'est là que des prostituées à la recherche d'un tremplin, des petites ouvrières avides de briller, des inquiètes et des perverties de condition médiocre, demandent à se faire inculquer ce que le père Mercier, de Dijon, n'aurait pas nommé, certes, les « bons principes de la danse ». Quels exercices barbares, quelle cruelle gymnastique ! Ce frêle corps féminin, par l'impassible professeur, est soumis aux plus douloureuses tortures. La danse, où qu'elle s'enseigne, est dure aux commençantes. Le corps n'obéit aux lois qui commandent sa souplesse, qu'après des révoltes méthodiquement réprimées. Elle s'y emploie, Nini, indifférente aux plaintes, aux sanglots, aux prières, à la douleur des muscles froissés, des reins broyés, de la chair meurtrie, de tout ce vivant et délicat organisme qu'elle brise, qui craque, tressaute et geint sous le poids de son corps, ses genoux appuyés sur le ventre, dans ses poings de fer crispés sur les jambes qu'elle écarte. A l'angoisse que les visages de ses victimes révèle, elle devient ironique, en son jargon de plébéienne, raillant la déformation des traits dans la souffrance : « C'te tête, pour faire un gigolo » !

Elle n'y met point d'inutile cruauté. Sans cette peine, obtiendrait-on le balancé, qui donne aux jambes leur métrique? Les cuisses se briseraient-elles à terre? Le « port d'armes » qui, dans une position horizontale, met le pied dans la main, aurait-il ce naturel, en contradiction avec toutes les lois de l'équilibre et de la pesanteur? Les doigts grattant la jambe réaliseraient-ils le jeu dit « de la guitare » ? Sans culture, parviendrait-on au croisement des pieds vis-à-vis de l'œil, cette construction aérienne des chevilles entre danseuses? Le grand écart, enfin, ce glissement méthodique sur le pied droit qui ouvre, lentement les jambes, en compas, jusqu'à la parfaite horizontalité, pensez-vous qu'il s'exécuterait avec la désinvolture qui sied à une acrobatie aussi paradoxale? Arides études d'élèves qui ne sont point là pour s'amuser, mais instruites que le chemin de la gloire est abrupt et que l'apothéose se mérite par l'application à l'étude et son sérieux. Nini-Patte-en-l'air est, à sa manière, un Petdeloup. Elle a ses principes de pédagogie sévère et elle s'y tient.

Elle estime qu'il faut loger les élèves, autrement elles feraient la noce, et une danseuse doit user le moins d'hommes possibles. Il faut les nourrir et les bien nourrir. Le bifteck fait du sang, le sang des muscles, le quadrille en exige. Une danseuse s'improvise en dix mois; au bout de trois semaines, on accroche ses jambes à son cou. Il n'y a que le coup de reins qui ne s'apprenne pas : c'est le don.

L'école de Montmartre forma des élèves : Églantine, la Tourterelle, la Sirène, Cigarette; elles dansèrent au Moulin-Rouge, ce qui les autorisait à se dire « artistes »; elles y avaient un cachet. Les appointements, payés à la quinzaine, variaient en raison de la nouveauté du sujet : tous les astres ne sont pas de même grandeur. Grille-d'Égout, la Goulue, la Macarona, Serpolette, Sauterelle, Clair-de-Lune, Rose-de-Mai pouvaient aspirer, durant la vogue, à des engagements dépassant dix francs la journée. Le Casino offrait mieux. Une ancienne dame du chahut, Olga, dite Rayon-d'Or, quand elle crut devoir roussir sa chevelure, restée opulente en dépit des années, touchait sept cents francs par mois et avait un dédit, mais point de feux que ceux qu'elle allumait.

L'étranger souhaita connaître chez lui ces personnes dont les gazettes scandaleuses signalaient la notoriété. Des troupes se formèrent, parcoururent les grandes villes du nouveau et de l'ancien monde. Nulle part ne furent chutées Églantine, Ténébreuse et l'Épi-d'Or. Londres les bissait tous les soirs; il ne leur reprocha que la discrétion de leurs jupons. Il vit dans leurs dessous si « respectables » une certaine condescendance envers le cant. Il supposa qu'elles le taxaient d'hypocrisie : elles étaient si entourées derrière la toile! La jeunesse dorée de la Cité les fêtait; les journaux leur tressaient des couronnes. « Elles sont très jolies, disaient-ils, et amusantes, promptes à la réplique; d'inattendues réparties donnent du piquant à leur conversation. » On parlait des « pieds aimantés » de Mlle Nini.

La Comédie-Française d'ailleurs, cette année-là, à Londres, avait moins brillé que de coutume. L'art français, grâce à Ténébreuse et à l'Épi-d'Or, prenait sa revanche.

L'école s'est fermée, son œuvre faite; la mode y contribua, ainsi que l'ingratitude. Les élèves oublièrent l'âge héroïque des leçons, pour n'en retenir, rancunières et injustes, que la dureté et les douleurs. Elles se dirent exploitées. Nini leur fournissait, appropriée à leur état, une lingerie qui sort d'une maison unique : les jupons, les bas et les souliers avec les noms de la danseuse écrits en lettres dorées sur la pointe. Elle se remboursait sur les bénéfices; des messieurs s'entremettaient parfois quand il s'agissait d'accélérer le règlement des comptes. Ce professorat, par ses complaisances, semblait incliner vers une industrie, d'ordinaire exercée par des personnes mûres, sagaces et peu délicates. Un gros mot bourdonna aux oreilles de Nini, dont n'auraient rougi ni la Leroy, ni la Gourdan. Elle s'en émut, et jura de ne plus faire d'élèves. Désespérée, elle se jeta dans le mariage; elle est femme de bien, bourgeoise notoire, et aux filles de son quartier déconseille tous les écarts, fût-ce le grand.

Nini-Patte-en-l'air, convertie à la morale et parlant avec cette sévérité, s'autorise des bienséances qu'il choque et du danger qu'il court; du danger? mais oui. Le chahut eut ses victimes. Une petite femme sans beauté, rechignée et insipide, avec son lorgnon chevauchant son nez aigu, l'air d'une institutrice en goguette rachetait par son déhanchement l'exiguïté de sa taille. Elle s'appelait Jeanne Faës. N'étant que la moitié de tout : moitié de femme, moitié de danseuse, et moitié de fille, on l'avait surnommée Demi-Siphon. En réalisant le grand écart selon les règles, elle se fendit en deux; elle mourut de sa blessure. Ses compagnes disaient : « En voilà une qu'on ne dégotait pas pour le port d'armes! et pour le balancement! et pour ce qui était de se tenir sur un seul pied au rassemblement et de passer la jambe derrière la tête en faisant le salut militaire! » Morte aussi de ses excentricités, la « Tour-Eiffel », une grande fillasse insipide, qui faisait vis-à-vis à Demi-Siphon. Rayon-d'Or se déboîta le genou. La Macarona, qui s'était désorienté d'intimes organes dans la violence de ses gesticulations, dut confier au docteur Péan le soin méticuleux de combattre l'anarchie de ses intestins.

Le quadrille, même naturaliste, fut baptisé classique, en ce sens qu'il n'admettait que deux couples mâles et femelles. L'homme, au début, dansait, la femme l'expulsa. Ce n'était point qu'il fût un rival dangereux; mais sa présence créait une équivoque : il passait pour l'amant de ses danseuses. Sa société, entravait l'admiration masculine, la refroidissait. Un critique, Gustave Geffroy, a défini la nature, un peu complexe de ce sentiment. En face de cet androgyne qu'est le danseur, la femme, à nos yeux, ne pourrait jamais, quoi qu'elle fasse, apparaître aussi déplorable et aussi abjecte que l'homme. Elle semble plus naturellement que lui faite pour ces sauteries en public et cette exaspération physique. Elle peut n'être ni belle, ni bien distinguée ; du moins, elle mène ces fêtes bruyantes avec un visage exalté et un corps en folie.

« La basse créature irresponsable, mais qui a l'apparence de physionomie et l'articulation de langage des doux, des réfléchis, des humains, excite une surprise fâchée et produit infailliblement une répulsion lorsqu'elle traduit par des gestes et par des expressions de visage son violent plaisir physique et sa joie cérébrale. L'homme qui a accepté la corvée de danser dans un bal public, et qui finit par se montrer lui-même dans cette mi-

mique vendue, est le plus frappant symbole de cet état incohérent et le plus évident exemple que puissent choisir nos dégoûts invincibles. Il est impudent et grossier, brutalement obscène et stupidement souriant. Il tripote la femme qui danse avec lui de ses mains hardies et dures, et s'abandonne à des extases, avec des airs à la fois féroces et béats ; il est parfois violent comme s'il commettait un crime ; plus hideux encore, il est féminin, comme s'il affichait un vice innommable. Le chahuteur du bal public dessine, par tous les mouvements de son corps, l'agitation des grossières ivresses et la grossièreté de l'accouplement. » Ainsi parle l'éloquent critique.

Cet homme vaut mieux que son aspect le donnerait à penser. Le glorieux Chicard n'était-il pas un honorable patenté du quartier des Halles ? Il se retira, enrichi du commerce des cuirs, laissant, rue Pierre-Lescot, sa maison à son fils. Pritchard et Brididi furent des personnages dont la moralité se gardait du soupçon. On sait ce que furent les Clodoches. Le cancan rénové donna une célébrité relative à Fend-l'Air, à Guibolle et à Brin-d'Amour, partenaires et vis-à-vis des chahuteuses en vogue. Ces jeunes gens, leur règne achevé, finirent, dans une discrète bourgeoisie. Ils sont mariés et pères de famille. Seul, demeure fidèle au dieu de sa jeunesse Valentin-le-Désossé, le lanceur de la Goulue.

C'est une figure complexe que celle de Valentin. Il tranche sur le commun de la troupe par son flegme de vieux cabot. Le menton en galoche voisinant avec un nez de polichinelle, la bouche fendue d'un coup de sabre sur la mâchoire édentée, l'œil gris, badin, avivé d'une lueur cocasse, un éternel cigare d'un sou collé aux lèvres, comme une chique molle, maigre et long, osseux, en redingote de clergyman, coiffé un peu de travers d'un haut de forme et presque cravaté de blanc. Qui est-il ?

Ses cartes de visite sont de deux sortes : il est, pour les uns, « Valentin-le-Désossé, ex-premier danseur des bals de Mabille »; pour les autres, il est : « M. Renaudin, propriétaire, avenue de la Motte-Piquet ». Il dansait le soir, le jour tenant un débit de vins à proximité de la Halle aux Blés. Une expropriation avantageuse en fit un rentier, sans qu'il cessât de fréquenter, mais en amateur, les bals publics. Il y promène sa vieillesse attristée que soulage une vanité candide. « Je viens ici pour mon plaisir; je suis propriétaire, moi, Monsieur! Je suis, le matin, habitué du bois. Parlez de moi, dans le quartier de l'École Militaire : Valentin-le-Désossé? inconnu, vous dira-t-on. Je suis M. Renaudin, ancien débitant, rue Coquillère, receveur de son frère, notaire suburbain. Je loue tous mes appartements à des officiers qui me rendent mon salut, quand ils me croisent aux Acacias. Ces salutations des gens de la haute ne m'embarrassent pas. J'ai été gâté par ce genre d'attentions. Quand j'étais chef de danse à Mabille, c'était à qui, prince, duc ou ambassadeur, m'offrirait du champagne, et poliment me demanderait : « Monsieur Valentin, faites donc danser ma dame » ! Et l'homme du monde s'en retournait quelquefois seul, Monsieur, le danseur étant le préféré. Une polka me fut un soir demandée par une beauté idéale, bientôt devenue célèbre sous le nom de Louise d'Arcy. Lorsqu'elle mourut d'amour, elle me glissa dans la main un fer à cheval en diamants de plusieurs milliers de francs. Les femmes, alors, nous avaient quelque gratitude et savaient l'exprimer! C'est qu'elles aimaient la danse, ces femmes! Ici, grand Dieu, les filles du Moulin ne dansent plus. La meilleure, c'est peut-être Cha-Hu-Ko : elle ne me vient pas à la cheville. Il n'y eut de danseuse que la Goulue; j'entends pour la valse. Le quadrille n'est qu'un chahut. »

L'outrecuidance de Valentin n'est qu'un hommage rendu à

la vérité. M. Jules Lemaître l'alla voir danser avec la Goulue et resta confondu de tant de grâce unie à tant de gaieté : « Elle tourne, écrivait-il, que dis-je? elle tourbillonne autour de lui avec une rapidité si vertigineuse et si aisée ; il la soutient et la guide dans un caprice de pas sans cesse rompus et entre-croisés, avec une impeccable sûreté. L'harmonie de leurs mouvements est si parfaite que si vous croyez jamais voir une grâce plus précise unie à une force plus souple, inutile de chercher : vous ne trouveriez pas. »

L'antiquité honorait ses danseurs et ses mimes. Elle leur élevait des tombeaux. « Ci-gît l'enfant Septentrion, qui dansa sept ans et sut plaire ». La Goulue a dansé plus de sept ans ; elle a su plaire. Elle n'est point morte ; mais elle a la vieillesse languissante des artistes qui se survivent. Déréglée en ses appétits, Goulue la bien nommée, elle n'a boudé à aucun festin. Les nuits prolongées au feu de toutes les caresses, dans l'exaspération de tous les enivrements, ont flétri, avachi, ruiné cette chair de blonde grasse, avili la carnation flamande de ce visage. Une espérance de maternité s'achevant par une catastrophe a précipité cette déchéance.

Le monde apprit, par une polémique avec Rayon-d'Or, cette nouvelle si inattendue. Mlle Rayon-d'Or avait traité la Goulue de « mazette ». Le style épistolaire n'est pas dans les moyens de la Goulue. Un jour, qu'on lui demandait, une pensée pour un album, elle répondit : « J'aime pas beaucoup faire des boniments, c'est tout ce qu'il y a de poire » ! Mais on a son amour-propre, et s'entendre traiter de mazette par une rivale, c'est pour vous arracher à votre ordinaire dédain des injures d'autrui. Elle prit donc sa plume, et cracha ces vérités vengeresses :

Je suis très épatée de voir que Mlle Rayon-d'Or a des prétentions, à 46 piges, de vouloir m'imiter... Mlle Rayon-d'Or a été bien contente que ça *soit nous qui venons mettre le quadrille en vogue, car depuis une vingtaine d'années elle était au repos forcé. Je ne lui reproche pas le peu qu'elle gagne, grâce à moi, parce que je suis bonne fille, mais je ne lui permets pas de se prendre pour l'étoile du chahut. Il faut d'abord que l'étoile soit aguichante, c'est ce qu'elle n'a jamais su faire; et je trouve qu'il faut qu'elle ait du toupet pour appeler les autres mazettes. Et tout ça j'irais bien lui dire entre quatre-z-yeux si je n'étais empêchée pour le moment par un môme dans le bidon.*

Le style, c'est la femme. Rien, mieux que ce court billet, ne pourrait commenter le caractère de cette aimable fille.

Elle emploie un argot qui décèle son origine. Elle dit « 46 piges » comme nous dirions 46 ans. La dernière phrase, la plus agressive, est d'un pittoresque fâcheux pour la décence, mais elle est l'honorable aveu d'une maternité prochaine. Il y a un bel orgueil dans ce cri. Elle est fière, cette déesse de la chair, de la conséquence charnelle d'une de ces chutes de hasard dont sa vie aventureuse est faite. Donc, la Goulue serait mère. Y aurait-il une providence pour les fruits de ces erreurs? A la mi-carême, la Goulue accepta de promener à travers Paris, sur un char, l'ampleur de sa fécondité. Elle n'avait point voulu priver la foule des gestes qui établissaient sa suprématie. Ces secousses insolites hâtèrent l'événement, et la maternité de la Goulue échoua au port. Mais les traces en restèrent visibles dans une flétrissure anticipée. La Goulue, déformée, courut la foire dans une roulotte que M. Toulouse-Lautrec décora et, l'hiver revenu, l'hiver cruel aux nomades, après quelques retroussis fatigués au Jardin de Paris, elle échoua au Casino, où, devenue bouquetière, elle prit ses invalides. Elle y assista, décrépite, spectre d'elle-même, à l'agonie d'un genre qu'elle avait restauré. Elle y vit les jeunes entrer dans la carrière où quelques aînées étaient encore, intrépide sous les coups du Temps. Elle vit défiler sans jalousie, ni haine, toute ambition à présent morte en elle, les

Léa, les Kaoudja, les Margot, les Arc-en-Ciel, les Mascotte, les Clair-de-Lune, les Ninette, les Serpolette, ses émules, ses élèves. Et la classe des petites, les gamines vieillottes, dont la précocité boit la sève, la Môme-Fromage et son quadrille.

Ces paraboles cabriolantes n'ont qu'un cercle de névrosées plus clairsemées chaque jour. Le trop vu a amené la satiété. On sait l'aune de ces jupons soulevés, on a percé leur mystère. L'artifice d'une batiste très fine et d'une dentelle ajourée, a prolongé l'exploration du regard dans le fouillis complaisant des dessous. Le voile n'est plus que l'hypocrisie de l'indécence; si transparent, il est une invite au libre examen. La polissonnerie des déshabillés valut à ces audaces libertines, un dernier empressement de la part des messieurs un peu mûrs et des adolescents un peu verts. Les uns derrière les autres, se haussent sur la pointe du pied, dos superposés, serrés, tassés. « Une petite place, que nous voyions aussi ! » Des femmes se coulent entre eux, qui grondent contre les intruses. Elles veulent voir ce que voient les hommes, chercher ce qu'ils cherchent, se plaire aux mêmes frissons, s'arrêter aux mêmes images. D'un signe d'intelligence, elles encouragent les excès d'impudeur, adressant aux héroïnes des clignements d'yeux qui sont des avances, des compliments ou des souvenirs. Le plus souvent, elles sont deux; et le plus souvent l'une des deux est bicycliste; elle darde sur ces fuites de chair féminine, dans le relâchement des dentelles complices, une prunelle d'acier, d'une fixité singulièrement brutale.

A tous, à toutes, la satiété vint-elle du trop connu? Des ribaudes, toujours pareilles, qui ne changeaient que de vieillir, salariées historiques, gloires à l'ancienneté, aperçues aux mêmes places, où le « marqueur » contrôlait leur présence?

Elles sentaient s'en aller d'elles l'intérêt, y suppléaient par des variations ; elles adoptaient un exercice de derviche tourneur, elles « pylonaient », virant sur leurs pieds, vite, pour faire se dérouler autour de leur axe, leurs robes. Ces toupies ronflaient sur le parquet, dont la force centrifuge, en arrondissant les jupes, les soulevaient, découvrant, tour par tour, le mollet, le genou et davantage. Ainsi présentées, elles étaient idéalement logiques, étant poupées et à la fois girouettes.

La danse à laquelle on participe n'engendre ni ennui ni lassitude. En serait-il de même de la danse qui est un spectacle, de l'étalage d'une lingerie qui ne se renouvelle point ? « Avec un dessous de cent cinquante francs qui, pour dix francs, va quarante fois au blanchissage, nous en avons pour notre année. » — En serait-il de même des nudités qui vieillissent, des gestes appris qui se perpétuent, automatiques et machinaux ? Il faut le croire, puisque la fréquence de cette mise en scène, sans variation, a émoussé la curiosité la plus fidèle.

La victoire du chahut avait chassé du bal la danse spontanée et sincère. Il lui était défendu, sans soulever les rires, de disputer le terrain aux professionnelles. Elle ne revint point au Moulin-Rouge, lorsque le chahut démonétisé, fit des vides, que l'entrain sans salaire ne combla point. La défection s'accusa autour des gloires dont la fortune pâlissait avec les années. La pêcheuse d'hommes sait que toute action libertine facilite son industrie. Où la paillardise s'affame d'espérances, elle risque de ne point « œillader » vainement. C'est butin pour elle que l'attroupement des mâles aux vitrines des photographes, dans les passages, ou devant les danseuses naturalistes. La lasciveté des images est un engrais pour ses terres, un appât pour ses eaux. Les affaires au Moulin étaient brillantes, tant que brillaient de concupiscence les regards au tableau des excentriques jetés-battus. Ce n'était, aux alentours, que spectateurs échauffés dont la digestion copieuse s'activait au feu de ces épices et réclamait une fin de souper. La galanterie vantait cette Californie où l'or était à fleur de gousset ; l'âge vénérable de tant de ces demoiselles attestait qu'il n'était pas besoin d'être mineures pour le recueillir. Mais la badauderie sensuelle à la fin, pour une autre chose espérée, se désintéressa de ces turpitudes.

Elle s'en alla, indifférente aux petits ânes qui trottinaient sous le poids de femmes légères ; indifférente à la danse ombilicale de Zéluska, réfugiée dans l'abdomen de l'éléphant : indifférente au petit beuglant à la bonne franquette, improvisé sur des tréteaux pour tromper les premiers moments d'une soirée où l'on n'arrivait qu'à dix heures. Elle tourna le dos au charme tumultueux d'un ténor qui borborygmait des romances dans les notes du bas.

Le succès fit risette, cependant, aux cortèges dont Rœdel ou Willette, et plus souvent Rœdel, dessinaient, certains samedis de gala, les aimables figures. Distraction d'un quart d'heure, prestige trop tôt évanoui d'une imagerie galante, dont la figuration s'empruntait au personnel des quadrilles. Les dames en faisaient grand cas. La plastique de la pose, sous le maillot révélateur, était une exposition publique avant l'enchère. Ces figurantes bénévoles ne cachaient point les raisons de leur empressement. La vedette, sur les pavois, triplait leurs prétentions. Elles étaient artistes, ayant joué en mimes les Vénus, les Phryné, ou les gloires de la France : « Comment, disait Ninette, c'était moi qui faisais la Pucelle, et tu crois que je marcherai pour un louis ! »

Mais cortèges et beuglants, le pétomane et la pétomane, les ânes de la rue du Caire au Moulin, et le nombril de Zéluska dans l'éléphant du palais des fées, ne purent rallumer autour du quadrille les polissonnes œillades. La fin s'indiquait d'un spectacle prolongé sans renouveau. Quinze ans de règne, c'est assez pour faire figure en l'histoire. D'autant que les révolutions ne sont que des interrègnes; les déchéances sont voisines des restaurations. Le Plaisir n'a pas l'imagination très fertile; il est pauvre en sujets et volontiers se répète. Le quadrille naturaliste nous reviendra, comme, par le quadrille naturaliste, l'ancien cancan nous était revenu. Un autre Moulin-Rouge, ou le même, restaurera une danse qui fera fureur pour sa nouveauté. Ce sera notre chahut, dont un jour on se déprit. Les esprits bougons y verront la corruption sans cesse accusée des mœurs; la jeunesse se félicitera de connaître enfin une distraction ignorée des anciens, qui la sauvera de l'ennui.

Les érudits en ces matières frivoles souriront; ils retrouveront — comme on retrouve l'Olga de Mabille sous les cheveux blancs roussis de la Rayon-d'Or du Moulin — ce qui fut sous ce qui sera la vogue, la fraîcheur et la nouveauté. Et ils continueront à penser que nous avons fait le tour de toutes choses, et que les commencements ne sont jamais, dans nos humains plaisirs, que des recommencements...

LE JARDIN DE PARIS

Il partait de ce principe que l'innovation en nos jeux puérils n'est que rénovation, l'amuseur par état, nommé Zidler, qui, ayant à créer du neuf, rouvrit Mabille. On entend bien que le Mabille de l'allée des Veuves était mort; ses palmiers de zinc arrachés, ses allées détruites, ses parterres dénudés, ses rampes de gaz éteintes, et qu'à la place, pierres tombales ne rappelant rien du trépassé, des maisons de sept étages se dressaient, dans leur robe blanche, avec une fierté d'aristocrate. La société masculine qui avait accoutumé de se réunir sous ses ombrages était dispersée, rendue à ses devoirs austères. Elle était dans les ambassades, les administrations ou le notariat. Ou, oisive impénitente, elle promenait son désœuvrement au Bois, l'emmenait au cercle et le grisait dans les restaurants de nuit. Aux heures moroses, elle donnait un souvenir à ces élégances radieuses du harem disparu où tant de jolies mains recevaient les mouchoirs, quand elles ne les jetaient pas.

Les maçons avaient pu détruire ce paradis profane sans qu'on ait tenté de retenir leurs pioches. Mais Mabille disparu, sa folie manqua aux viveurs. Elle apparut plus radieuse dans la fuite des jours, elle se colora de la poésie fanée et mélancolique des choses défuntes. Zidler avait escompté ce sentiment; il pensait à part : « Ce sera ma meilleure réclame. J'évoquerai les minutes qui nous furent si douces à vivre ; je créerai un enchantement qui sera un rappel d'autrefois ; ceux de ma génération en goûteront le charme factice et suranné. Ils se rappelleront, dans le cadre retrouvé, les femmes dont ils suivaient le capricieux sillage. Bien mieux, — j'en jurerais par l'héroïsme tenace de la vieille garde, — ils les retrouveront. »

Il jeta son dévolu sur un coin de ces Champs-Élysées en défaveur, derrière le Palais de l'Industrie, à l'abandon, peu passant; mais les arbres étaient plusieurs fois centenaires et l'espace enclos, d'une étendue respectable. Le plein air n'appelle que des constructions rustiques et frêles : des kiosques ou des tréteaux en bois qui ne sont qu'un décor; quelques loges pour les baladins. La nuit, la verdure, les étoiles, la brise circulant en liberté sous les feuilles chuchoteuses suffisent à l'enchantement. L'architecte n'est prié que d'animer ce jardin par la magie des lumières, sa savante et mystérieuse distribution ; aveuglante au centre, douce dans les allées, discrète à l'écart pour ne point troubler la rêverie, si, d'aventure, elle pouvait s'égarer en ce lieu où elle n'est point priée. Il convient qu'il fasse aux branches porter des fruits féeriques : des ballons rouges qui ont l'air d'oranges, et des globes d'opale qui, sous la lune, sont autant de laiteuses noix de coco. Les girandoles en grappes de flammes multicolores, qu'il suspend en chapelet, farandolent autour de l'orchestre, foyer de clarté et d'harmonie.

Le décorateur est l'électricien. Il tient au bout de ses fils le secret des enchantements. Mais considérez qu'il ne peut rien sans la douceur clémente des soirs. Le charme de ces édens, c'est la brise tiède, sous le ciel d'une tranquille sérénité ; les feuilles frémissantes sous l'haleine de la nuit. C'est un air plus pur, réparateur de la torpeur des midis. Où aller ? il fait si chaud. Où respirer, si ce n'est là ? L'été est une excuse, l'été qui se rit de nos pudeurs, les désarme, inclinant les modes aux nudités ; qui brise, à la plage, les us tarabiscotés des protocoles ; qui confond dans la grande Bleue êtres et choses que séparaient les préjugés — et qui permet à un honnête homme de prendre le frais, sur le coup de dix heures, dans un jardin où les nymphes sont accourues sous les armes, en toilette d'assaut, pimpantes et dans tout l'éclat de vivre.

On danse, c'est le prétexte. Elles sont l'unique raison de ces soirées alanguies. C'est pour elles qu'est enclos ce bout de parc où, Dianes peu farouches, elles chassent la grosse bête. C'est pour elles que ces feux sont allumés, qui donnent aux arbres des airs de jouer la comédie, factices et peints par un décorateur de théâtre. C'est pour elles qu'on a disposé ces sièges amples et moelleux où s'étale le connaisseur qui suit leur ingénieux manège, le raille et s'y fait prendre. C'est pour elles ces tons bariolés et ces jeux de fléchettes, où, plus sûrement que leur adresse, elles éprouvent la magnificence du compagnon que leur sourire, pour une nuit, à leur côté, fixera.

Ce décor champêtre est un raccourci de Paphos et d'Idalie, où nos aînés goûtèrent quelques heures délectables. Il leur est emprunté ; c'est un calque qui serait servile si la médiocrité des temps n'avait rapetissé l'original. On y revoit les détails vulgaires : la classique nécromancienne; la danseuse de corde à la façon de Mme Saqui dans *Miss Ada;* les montagnes russes, et le feu d'artifices qu'il y a un siècle Ruggieri tirait déjà pour l'émerveillement des habitués de Tivoli, de Frascati ou de l'Élysée-Beaujon.

Nous n'avons point comme à Athènes de champs clos distincts, les uns pour les pallaques, les joueuses de flûte, et les autres, pour les hétaïres. Toutes ensemble se plaisent en ce lieu qui est notre Céramique, en ces jardins, retraçant, d'un trait assez faible, les jardins d'Académus. Il vous souvient de vos classiques lectures. C'était vers la porte Dyphile. Des bosquets verdoyants et des portiques ornés présentaient de frais abris contre la chaleur du jour. Les courtisanes s'y venaient promener et s'asseoir. Là, le hasard y faisait les affaires de l'amour. Le jeune homme qui avait remarqué quelque belle affranchie écrivait son nom enjolivé d'épithètes flatteuses. L'esclave de celle-ci attendait le retour du soupirant et l'instruisait du tarif de sa maîtresse. Les cotes d'amour étaient changeantes. Toutes choses se passent de même en ce Jardin de Paris, qui serait mieux dit Jardin des Parisiennes. Parées d'étoffes gaies et d'une richesse légère, affichées dans les couleurs éclatantes, ou, blanches et nébuleuses comme de matinales vapeurs, elles passent.

Les voyez-vous passer, les belles affranchies?

Une jeunesse qui ne se pique point d'être athénienne de gestes ni de propos fait sa distinction comme au Céramique, mais elle ne s'embarrasse pas de courtoises réticences. Pas de noms tracés à la pointe du stylet; c'est la maîtresse, qui débat sans pudeur le tarif de ses privautés. Maintenant, il y a la bouquetière. Elle joue de remarquable façon le rôle de l'esclave antique. On lui glisse à l'oreille le nom qu'on eût jadis gravé ; elle va où on l'envoie et revient à la faveur des bouquets inamovibles dont ses mains semblent embarrassées. Ce manège, à l'abri des roses et des lilas blancs, bon an, mal an, vaut à la bouquetière de coquets revenus. Il assure à sa vieillesse la considération et la paix.

Les jolies filles dépensent ce qu'il est nécessaire d'esprit pour donner au marché à conclure le caractère d'un libre choix. Elles répandent quelques charmes sur les turpitudes de ces accords par l'élégance de leur personne et la fantaisie de leur babil. Nous sommes loin, malgré tout, de la grande école de Corinthe ou de Milet ; il nous manque un lycée où les courtisanes s'instruiraient des exigences de leur état. Réputation oblige. Y songeons-nous bien? Il n'est peuplade où le chemin de fer, préfet de la civilisation, ne pénètre et ne fasse épeler aux habitants, les mots : « Jardin de Paris ». Quelle idée ne se font-ils point de ce lieu paradisiaque? Ils y accourent. Au contact de la réalité, que deviennent leurs illusions?

Ces faciles créatures manquent d'éducation initiale ; leur tenue laisse à dire, à la toilette près, qui est toujours un harmonieux poème. Leur style se ressent des lieux où leur jeunesse s'émancipa. Elles ajoutent, par la suavité chantante de leurs ajustements, aux délices de ces soirées élyséennes ; mais elles parlent, et le charme s'évanouit. Elles sont peu cultivées, ces gavroches indépendantes, et prodigues en saillies plus lourdes que finement aiguisées. Mais l'étranger complaisant sourit au badinage de ces poupées neurasthéniques qu'il savait là, et c'est même pourquoi il y est venu. Il les trouve réunies sous la coupe de son désir, tout de suite en confiance, à tu et à toi, petites oiselles pas du tout farouches, qui vous viendraient, au premier appel, manger dans la main ou boire.

Boire leur est une science ; non parce qu'elles dégustent en connaisseuses les corrosifs alcools ou leurs perfidies sucrées, et qu'il y a, en elles, de la bacchante assoiffée du jus des grappes ; mais boire, pour ces condamnées au supplice d'Ixion, toujours tournant, c'est un repos. C'est la station assise à la terrasse du buffet ; c'est l'accueil d'une société masculine se dépensant en fadeurs qu'elles pèsent, distraites seulement en apparence. La paille des boissons glacées aux dents, — comme leurs sœurs antiques, la branche de myrthe, — feignant le détachement et l'oubli des affaires, en aspirant à petites gorgées les liquides aux teintes de topaze ou de turquoises, elles observent du coin de l'œil. Elles ne semblent qu'amusées du jeu gracieux de leurs doigts fins sur le frêle roseau, surtout si les bagues les constellent : avisées, elles sondent et, en aparté, délibèrent. Psychologues sur ce point, qui en remontreraient à M. de Balzac, physionomistes professionnelles qui ne s'en laissent pas imposer. Il est le « type », celui qui les appela, et dont elles soupèsent l'or et la candeur. Elles en ont vite fait le tour et démêlé s'il est de Paris, de province ou d'ailleurs ; s'il est quelque joyeux célibataire en humeur de badiner ; un mari lâché dans la capitale sous prétexte de congrès ; un étranger qui fait la fête ; un rhétoricien qui casse sa tirelire ou un caissier qui mange la grenouille.

Elles sont abondantes en aperçus sur l'homme et ses échantillons. Le plus large en ces brèves aventures et le plus délicat n'est point, disent-elles, l'étranger. Il n'est au monde pays comme la France pour traiter ces belles filles avec des égards qu'elles apprécient. Cette politesse de manières est si également raffinée qu'elle s'adresse aux « belles minettes », aux « horizontales », aux « grandes dégraffées », aux « gentilles impures », comme aux femmes de devoir et de vertu. Il en résulte une regrettable confusion dans les rapports sociaux. La fille lancée, cautionnée par une liaison brillante, partage, en public, la notoriété de la femme comme il faut. Celle-là et celle-ci ont leurs loges contiguës aux premières, elles voisinent aux courses; elles se montrent au Bois aux mêmes heures, se rencontrent aux ventes de charité. Et si peu que la fille cabotine, elle risque de franchir les seuils défendus par l'étiquette d'une société moins indignée que curieuse de la présence d'une demi-mondaine. Cette courtoisie française à l'endroit des femmes, et parce qu'elles sont femmes, se manifeste dès le marché banal, où le moindre Gaudissart joue, pour les façons, au grand seigneur, masquant, sous une rhétorique verveuse que la belle fille appellera peut-être « boniment », la crudité de ses désirs et de ses offres.

Moins restreint dans ses ébats, l'étranger ne se contraint que dans ses libéralités. Une légende, l'homme à l'accent anglais, ignorant le prix des banknotes dont il tapisse la chambre à coucher, où un caprice, une heure ou deux, l'enferma. Un milord, ah! bien oui! plutôt un mi... chut! le mot est laid, la chose pas autrement commune. Si le milord de Mabille, dont les fastes de la bicherie signalent la présence dans le passé, ne fut pas un mythe, à tout le moins, l'espèce en est disparue. Un petit Anglais sans favoris roux, ni dents longues parant d'émail un sourire à la Coquelin Cadet, le remplace. Il est d'une netteté glabre, toute juvénile et correct dans son *smoking* fleuri. Il longe les plates-bandes où se balancent les dames aux camélias, fait son choix, et ne se ruine point dans l'expression de sa gratitude. A Oxford ou à Cambridge, il a lu Marivaux, et en a retenu cette définition : « Si l'on considérait les femmes d'un certain côté, elles cesseraient d'être aimables et ne seraient que nécessaires ». Le Français, désavouant Marivaux, — d'après les confessions de ces Marions (de l'Orme... sous lequel elles attendent), — sembleraient plutôt penser, et plus galamment, qu'elles sont nécessaires parce qu'elles sont aimables.

Nous sommes au bal et ne parlons point danses : c'est qu'on n'y danse point. Le voudrait-on, qu'un inspecteur poliment vous prierait de vous en abstenir. Le bal se limite aux personnes dont c'est l'emploi. Il leur est assigné un espace qu'on ne franchit pas : la bande d'asphalte entourant la véranda du kiosque des musiciens. C'est un parc d'acclimatation. Les espèces y sont classées par groupe. Une pancarte indicatrice nomme la Sauterelle ou la Glue, la Môme-Fromage ou Colibri, quatre par quatre. Il est loisible de les regarder. On y est même engagé : on y met peu d'empressement. Ce sont les quadrilles du Moulin-Rouge, invités à tendre au maximum de leur effet. Valentin, qui s'y prête, achève la dernière figure par une audace où la figure n'est pour rien. Il soulève, en ses bras, sa danseuse, l'exhibe, toutes jupes rabattues. C'est, paraît-il, un symbole. Des insolents le pourraient interpréter, frivoles en leurs gloses, mais seulement s'ils étaient aptes à disserter des fêtes phalliques.

Les Romaines du Bas Empire ne se fussent point contentés de cette image grossière, restée hypocrite. Lorsque Bathyle, dans le cirque, rendait hommage à la beauté de Vénus, il tenait pour superflue sa tunique, si transparent qu'en fût le lin. Les grandes dames, dont Juvénal a flagellé l'approbation, constataient de leurs yeux, publiquement, que le mime traduisait, sans tricher, des flammes du désir, la progression et la constance. Nous avons des scrupules — encore. Dissimulés et la moustache en arrêt, les municipaux à leur observation tiennent la main. Surtout, quand Valentin dresse, au-dessus de la foule, comme Apollon la lyre, l'impur tabernacle, d'où la profanation des pratiques exila le dieu.

Quel outrage à la grâce alanguie de ce jardin d'Armide, ce geste de la mouquette bafouant nos délicatesses et poussant notre idéal aux sentines ! Combien mieux inspirée et plus en harmonie avec les délices sereines du soir, cette gracieuse Jane Avril, appelée Mélinite aussi quelquefois. Elle danse, et vraiment pour l'amour de danser, mais toute seule, parce que son petit corps a des enroulements serpentins et que la danse est prétexte à de délicieux enchiffonnements. Elle a son cercle, un groupe d'admirateurs fidèles ; quelques femmes dont la grande Sapho, je pense ; des artistes, les plus pervers et les plus aigus comme Toulouse-Lautrec ; des écrivains du dernier bateau. Arsène Alexandre extasié lui fit des hymnes : « Elle s'ingénie, chante-t-il, à trouver de très belles robes qui complètent sa conception du mouvement. Elle compose des scottish en orangé majeur, avec quelques notes noires à la clef, les jambes et les bas ; des polkas en lilas clair ; des valses en noir mineur, avec de soudains et diaboliques intermezzi. »

Jane Avril est la seule à trouver grâce devant une vieille femme qui s'est érigée en juge des ébats du second Mabille. Elle habite une boutique abandonnée du passage de l'Opéra. A certain frappement qui est un signal, elle ouvre. Une personne se présente, en cheveux blancs, dont le vénérable visage est doux et reposé. Modestement ajustée dans des robes sombres et de long usage, si l'entrant, qu'elle détaille d'un regard soupçonneux, n'est pas indiscret, il lui est permis de s'asseoir dans un logis où tout crie la solitude et la pauvreté. Beaucoup de livres et quelques manuscrits épars donnent à cette retraite un caractère personnel. La voix parle lentement, un peu fêlée, très bas : « Ces filles, oui, j'ai eu la curiosité de les aller voir. Tristes créatures à qui j'ai pu faire, en leur triomphe, moi l'indigente, l'aumône de ma pitié. » Qui reconnaîtrait, en cette recluse, si inhabile à se mouvoir, traînant, par ce trou d'ombre et de silence, ses jambes fléchissantes, la vive, la belle, l'entraînante Mogador, comtesse de Chabrillan, reine de Mabille ?

... « On ferme » ! c'est le dernier soir de la dernière année. Jane Avril, paix à vos jupes ! Achevez vos cok-tails et brisez-en les pailles : vous ne reviendrez plus, belles filles ! Les Champs-Élysées sont réquisitionnés pour une avenue triomphale destinée à aboutir au pont dont le monarque du Nord posa la première pierre.

Mais encore que les arbres se fassent rares dans la cité de pierre dévoreuse des bois, la galanterie a déjà retrouvé, proche, celui-ci, un coin d'ombre, de fraîcheur et de mystère. Il est le nouveau Jardin de Paris. Promenoir et marché de jolies personnes, n'ayant guère plus de mystère que de fraîcheur ; et par le tapage et l'éclat, sortant de l'ombre qui n'est propice qu'aux chastes destinées.

LA DANSE A L'OPÉRA

Débarbouillons-nous de cette fange : un peu d'azur. Fuyons ces réalités : un peu d'idéal ! Du ciel ! Nous avons vu des pieds : des ailes. Oh ! de grâce : des ailes d'oiseaux ou de phalènes ! Ailes étincelantes de sylphes ou de génies, ailes diaphanes de chérubins ! Nous avons vu des femmes, et dans ces femmes le corps, le corps surtout, à peine affranchi des lois ordinaires de la pesanteur, instrument de volupté et de délire, vase grossier de nos banales ivresses ! Allons aux femmes qui sont comme si elles n'étaient pas, ou comme si elles étaient autres, — matérialisation d'on ne sait quels radieux fantômes, fées ou péris ; atomes d'une humanité aérienne dansant dans un rayon de lune.

La loi du rythme les gouverne qui les exonère de la tutelle de nos mouvements épais et lourds, de la tyrannie du centre de gravité ; qui les allège, les exalte, les magnifie ; qui répand, en leur être délicat, par le moyen d'un esprit léger, harmonieux et prompt, la souple gamme des attitudes. Ces filles de la terre, nos sœurs pourtant, apparues dans la magie du décor, sont comme d'un autre monde, qu'on soupçonne par delà les frises, là-haut, où se jouent les rayons, où s'éploient les vols, où planent les ailes.

On a demandé à un vrai poète, un ballet. Et Coppée a tracé, en quelques lignes, le scénario de la *Korrigane*. Il est à l'avant-scène, convié par courtoisie, car il n'a rien à faire qu'à regarder. Il regarde. Son Yvonnette, c'est Mlle Mauri qui, après un bond prodigieux, — un essor, — retombe sur les planches si légèrement, qu'on n'entend aucun bruit, pas plus que lorsqu'un oiseau sur une branche se pose. Le poète, pour la chanter, oublie qu'il est librettiste et redevient poète : « L'enchantement, la merveille, c'est la Mauri. Jolie? mieux que jolie : capiteuse, adorable. Le nez un peu étroit, la bouche grande, le teint de citron de l'Espagnole. Mais quelle flamme dans les yeux! quel sourire sur les lèvres fraîches et sur les dents éclatantes! La Mauri, c'est la danse même. Elle apporte à son art une sorte d'enthousiasme physique, de joyeux délire; on sent qu'elle est heureuse de danser pour rien, pour un mot, pour son propre plaisir. Elle s'ébroue et s'élance comme un jeune poulain. Elle vole et glisse dans l'espace comme un libre oiseau. Et ce jeu a, en effet, dans sa beauté brune et un peu sauvage, quelque chose du cheval arabe et de l'hirondelle. » Lorsque parut le livret, sur la feuille de garde, Coppée écrivit ce madrigal, en guise de dédicace — plus amoureux encore que poète :

> Attiré par le feu, grisé par le rayon,
> Le papillon tournoie et se grise à la flamme.
> Mais lorsque vous dansez, Rosita, c'est votre âme
> Qui voltige et se brûle autour du papillon...

Elle surprit d'abord le public, elle le déconcerta par la fantaisie de son jeu. Décente, elle l'était, certes, mais ardente et voluptueuse aussi? Trop, s'écrièrent les classiques qui goûtent plus le charme fin, pourrait-on dire racinien, de Subra, qui est de la chaste école des Essler et des Taglioni.

Subra est l'autre étoile : il en suffit de deux au firmament de l'Opéra. Autour gravitent Hirsch, imprévue dans l'ivresse d'un art auquel elle s'abandonne, comme renouvelée chaque jour; la mignonne Chabot; la classique Désirée; la somptueuse Invernizzi; la hautaine Salles au travesti impeccable; Torri, multipliant les attitudes, même en un temps où le ballet néglige de faire parler l'esprit du visage; Robin, la beauté noble; et les Mante qui ont la grâce; et Mérode, poupée de Tanagra, taillée dans le marbre par Falguière, naïve comme une enfant, et que le scandale a injustement auréolée plus que le nimbe ingénieux de ses bandeaux.

Aucune étoile, depuis longtemps, ne s'est levée. Est-ce faute à l'art qui serait en décadence, ou faute aux librettistes et aux compositeurs qui n'ont point trouvé de rôles en lesquels une danseuse ait pu s'affirmer supérieure? Ni ce délicieux rêve pittoresque de la *Maladetta*, ni cette espièglerie charmante, l'*Étoile*, n'ont doté l'humanité irréelle de la danse d'une autre Coppélia ou d'une autre Yvonnette. Serait-ce que le genre, en dépit du talent d'un Vidal et d'un Wormser, déconcerte des musiciens, déshabitués de cette carrure du rythme que fut la musique avant que Wagner en triomphât — Wagner dont toute l'œuvre, par impuissance d'y parvenir, après l'essai malheureux de *Rienzi*, a évincé la chorégraphie? Serait-ce qu'il leur manque cette abnégation de soi, sans laquelle la collaboration tyrannique du maître de ballet est un martyre? On dit que Lalo, après *Namouna,* en devint fou.

La danseuse n'est point la suppliciée unique de la danse d'opéra; le compositeur a sa part des tortures. C'est à l'avant-scène qu'il travaille, improvisant, sur le thème grossier du chorégraphe, des pages qu'il lui faudra sans cesse corriger, au rebours de tout sentiment; son inspiration sera comme élastique aux mains omnipotentes du maître de ballet. Heureux quand cet homme connaîtra la musique! M. Victorin Joncières avait réglé, aux sons d'un piano, au foyer, avec le maître de ballet, la danse de l'un de ses opéras. Lorsque le ballet descendit sur le théâtre et que l'orchestre attaqua les premières mesures du divertissement, la physionomie du maître de danse exprima l'étonnement le plus profond. D'un geste, il arrêta net les danseuses et les musiciens, et se tournant vers le compositeur : « Vous avez donc changé la musique »? fit-il, avec une parfaite bonne foi. Le brave homme ne reconnaissait plus, à l'orchestre, le motif que, depuis trois mois, il interprétait au piano...

Restons prudemment spectateurs; gardons-nous d'en trop savoir. Jouissons du plaisir sans mélange d'un rêve réalisé. Le ballet, comme la ballerine, ne doit être vu que de la salle, dans les pourpres de l'apothéose. La ballerine, plus encore que le ballet, ne nous donne de joie entière que dans le jeu de l'action scénique, enveloppée du triple prestige de la musique, de la poésie et de la lumière.

Les abonnés des trois jours ont la clef du foyer. C'est un privilège des plus enviables : ne l'enviez pas. Ceux-ci qui en jouissent disent être amateurs de la danse; ils ne le sont que des danseuses. Ils fréquentent dans l'intimité des coulisses, en habits noirs et en cravate blanche, bousculés par les pompiers et les machinistes; à peu près comme ils fréquentent en certains autres lieux, d'accès plus facile, et où les déesses deminues tiennent les dragées moins hautes.

L'envers du théâtre toutefois est intéressant, comme le sont les coulisses où les mensonges de nos réalités se maquillent pour le voyage au pays des illusions. Au foyer de la danse, derrière la grisaille écrue des portants, les fées sont aux mains des habilleuses, et les génies ailés vont à pied. Ces silencieuses visions parlent; ces apparitions radieuses, dans les gilets de piqué blanc, en grignotant des bonbons, pleurent sur les petites misères de leur existence humaine. Elles disent leurs jalousies et leurs colères : les bandeaux de Mérode qui ont trop de succès et l'autorité de M. Pluque qui met trop d'amendes. Ce que, dans la sereine et immatérielle beauté de la danse classique apprécient ces vieux messieurs fort riches admis à l'envers du rêve, ce sont les papotages que, toutes roses, très écourtées d'en bas, peu vêtues d'en haut et plus peintes que des idoles de pagode, leur font des petites personnes dont il ne leur reste pas grand'chose à ignorer. D'autant qu'ils les voient croître en souplesse sans doute plus qu'en beauté, l'Opéra prenant ses sujets des bras des nourrices. Elles sont un peu comme les enfants de ces personnages distingués, et l'on ne saurait marquer de surprise de la sollicitude paternelle avec laquelle ils suivent l'éclosion lente et pénible de leur fortune. Le public, qui ne bouge point de sa stalle, s'en retourne tout entier au charme d'un paradis entrevu. L'abonné des trois jours n'en est plus à ces candeurs. Il connaît l'origine plébéienne de ces êtres charmants et met quelque malice, les jours d'examen, à murmurer en sa barbe : « Ce soir, il y aura beaucoup d'animation dans les loges ». Il entend les loges de concierge, par là, vers les Batignolles, ou Montmartre, ou Clichy, territoires où se cultivent avec un certain amour les fleurs du ballet. Il connaît mesdames les mères, encore que, par une attention délicate, l'administration ne les tolère plus au foyer, où elles étaient trop les dragons de ce jardin des Hespérides.

Il y a plus de terre à terre dans ces coulisses de la danse que d'envolées. Un habitué de l'Opéra le remarquait. Carlotta Grisi, qui demeurait avec sa mère et sa sœur rue de Trévise, donnait le millet à ses oiseaux, arrosait les fleurs de son balcon et chantait en brodant. Toute vie d'étoile de la danse cadre avec cette peinture bourgeoise. Cet art ne permet point l'évasion dans la fantaisie. Il astreint à une gymnastique quotidienne, à une vie monotone et mécanique. C'est un exercice de toutes les heures, sous peine de déchéance. C'est un art qui s'apprend, la danse scénique, mais c'est surtout un art qui s'entretient. Le cerveau de tout autre artiste, une fois éduqué, l'est pour longtemps : le muscle oublie ce qui ne lui est point enseigné sans cesse. D'où, sur les physionomies de ces divines créatures des traces de fatigue si précoce, un air de résignation placide derrière la grâce du sourire stéréotypé; une beauté épaisse, un peu commune, une beauté d'athlète que l'attitude corrige par la noblesse du port de tête et l'ensemble du maintien.

La danseuse astreinte au plus cruel des apprentissages, qui doit de bonne heure livrer sa chair au martyre des études, n'est admise à l'école qu'après la visite d'un médecin qui diagnostique son endurance. D'ici que la fillette, aimable comme le page qu'elle sera à la cour de quelque roi d'Aragon, devienne la souriante et déliée ballerine, point de mire des lorgnettes distinguées, que d'étapes à franchir ! Ce corps ne sait rien ; il répète les mouvements ataviques, naturels et spontanés. Il lui faudra se ployer à la traduction de ces multiples fantaisies qui semblent n'être qu'un jeu pour une Mauri ou une Camargo, et qui sont, pour nous, des paradoxes, en constante opposition avec les lois de l'équilibre. Il conviendra de l'assouplir, ce petit corps si frêle, de le discipliner, de le mortifier, de le briser.

La maman, dans les cinq mètres de mousseline et le mètre de coutil blanc octroyés par l'administration, taillera la première jupe de classe : car l'étude appelle déjà le costume. Sur ces petites jambes en flûteau, sous ces bras qui sont des embryons d'ailes, par le ballonnement exagéré de la jupe relevée en panache, l'enfant a l'air d'une petite poulette toute blanche. Les tristes, froids et silencieux escaliers de l'Opéra, les longs couloirs rectilignes sont remplis, tous les matins, de cette bruyante animation de basse-cour. Une graine d'ambition commence à germer sous les tignasses mal peignées, dans ces regards fiévreux. Le soir, les neuf ans sont quelquefois du spectacle. On paraît en scène avec les grandes, devant le gouffre imposant de la salle aux milliers d'yeux braqués. C'est un éclair de féerie. Le rêve le prolonge jusqu'au petit lit de fer, dans les chambres lambrissées, où vous remmène, par le dernier omnibus, la maman, couveuse des espoirs fabuleux.

La future ballerine a étudié l'*a b c* de son état; elle a épelé les difficultés initiales ; elle a appris les éléments premiers de la mesure et du style, les cinq positions. Petite chez Mlle Bernay, quadrille chez Mlle Piron, elle est à présent coryphée chez Mlle Théodore.

Mlle Théodore, c'est au ciel. La classe se tient là-haut, sous les combles, voisine d'Apollon à la lyre orgueilleuse. Une vaste salle en profondeur haute et mansardée, sorte de grenier percé de baies d'où le jour tombe cru. Point de décor. Sur le badigeon à la chaux, pas un détail qui repose les yeux. Une cloison coupe au tiers ce rectangle; une glace l'occupe en partie qu'un rideau de serge verte masque à volonté. Ce n'est pas un miroir, c'est un maître; ce n'est pas la psyché qui madrigalise, c'est le mentor qui gourmande.

Devant la glace, un piano; dans cette solitude hivernale, il s'est enroué. Ses notes phtisiques ont mission d'évoquer les féeries et les enchantements; mais il faut, à l'écouter, quelque imagination. Or, les oreilles qui sont là, ont aussi peu de musique que les esprits ont de lettres. L'ignorance d'une danseuse, pour tout ce qui n'est pas son métier, est insondable. Où aurait-on pris le temps de la cultiver?

Au fond de la salle du cours, c'est une manière de loge avec des placards pour un « décrochez-moi ça » de répétition chorégraphique. Autour du mur, un banc de corps de garde plutôt que de corps de ballet. On s'y assied pour enfiler, sur le maillot, les bas de grosse laine tricotée, ou pour y déposer le fichu, utile protecteur des épaules nues, dans ces corridors où, en sournois, pince la cruauté des vents coulis. Point de meubles. Comme disposition spéciale, l'instrument de torture, la barre fixe; grande perche vulgaire posée transversalement, sur laquelle se cramponneront ces jolis doigts promis aux seuls baisers des élus.

Il est neuf heures à l'œil-de-bœuf: un œil-de-bœuf qui n'a point de chronique, ici où la règle est sévère comme au cloître. Ces êtres sautillants, qu'on nomme des coryphées, entrent en un précieux tumulte. Même quand l'oiseau marche on voit qu'il a des ailes. Elles n'ont ni le brio, ni l'éclat apprêté du ballet; il est si tôt, on ne s'est pas mise en frais. Pour qui? Les vieux messieurs à bonbons, c'est le soir. On s'est jetée à bas du lit, peignée à la diable; on a usé juste ce qu'il fallait d'eau pour dessiller les paupières, lourdes d'un sommeil, par Mme Cardinal, interrompu. On est descendu à pied ; on a gagné quatre à quatre la loge commune, revêtu le maillot rose, lacé l'indispensable chausson puce — puce pour les répétitions. Au tutu, on a substitué le solide caleçon en madapolam qui s'arrête au genou, comme une culotte de Javanaise. On a mis la jupe de gaze sans ballonné vaporeux, sans recherche de lingerie : sorte de fouettage d'œufs à la crème. Sur le corset, on a ajusté le cache-corset qui s'échancre sur la chair, largement.

En cet unique détail de toilette, la coquetterie rappelle ses droits. Chez les plus élégantes, c'est un soupçon de dentelle ou l'attache timide d'un ruban noué à l'épaule, glissé dans l'entre-deux. Point de bijoux. Parfois, au cou, cependant, une protectrice amulette, une médaille à laquelle les exercices impriment, entre les seins, une danse profane. On a volontiers des superstitions dans ce monde. On va au docteur si le pied se blesse, mais on n'oublie pas le saint. Quand Mlle Mauri souffre dans les sabots de la *Korrigane*, elle prie son père d'intercéder près d'un bienheureux dont elle connaît la réputation, dans un couvent d'Espagne. Naguère, toutes allaient à l'église et même au sermon. « Les bagues de sainte Geneviève scintillaient à leurs doigts, se rappelle Arsène Houssaye; aussi leur prenait-on doucement la main sous le prétexte de faire son salut ». Adèle et Sophie Dumilâtre étaient très assidues aux sermons de Notre-Dame-de-Lorette ; Thérèse et Fanny Essler avaient brodé le velours de leurs chaises à l'église. Mme Stolz, alors reine de Chypre, allait entendre les sermons à Saint-Louis-d'Antin, paroisse où la Falcon faisait ses dévotions, si exacte à tous ses devoirs de chrétienne. « Quand je ne suis pas à l'Opéra, je suis à l'église », disait la Taglioni.

Elles attendent le professeur, enveloppées dans le fichu de laine qui, délaissant les jambes nues, encapuchonne seulement les épaules et la tête. Représentez-vous la *Frileuse* de Houdon. L'excès de l'étoffement s'y combine avec son absence. C'est un déshabillé qui s'est habillé contre le froid : quelque chose comme un ballet qui s'embarquerait pour le pôle Nord.

« Mesdemoiselles, nous commençons ». C'est la voix de M{}^{lle} Théodore... A la barre, d'abord ; les doigts assurés sur le bois lisse et poli de la gaule, elles fléchissent les membres sur des rythmes donnés. La syntaxe de cette science complexe échappe au profane ; elle est aride. Un certain « entrechat six et entrechat cinq ouvert » est pourtant bien gracieux, même sous forme d'exercice. Les danseuses soulèvent à la fois, et haut, les deux pieds qui battent l'air, vifs et prestes. On voit ainsi, l'été, dans les arbres, des éclosions soudaines de papillons blancs. Les chrysalides semblent adhérer encore à la feuille, mais leurs ailes translucides et impatientes s'efforcent de hâter la délivrance de leurs corps prisonniers. Les élèves vont de la barre à l'adage, de l'adage aux enchaînements, en passant par toutes sortes de glissades, de sauts de chats, de gargouillades, de sisoles, de coupés, de fouettés, de jetés, de piétinés, de déroulés, de brisés Télémaque — des brisés Télémaque, ô Fénelon ! — tout un arsenal de tortures auprès duquel les prisons du Saint-Office seraient des ambulances douillettes.

Elles s'y prêtent sans murmurer, disciplinées comme des enfants de troupe qu'elles sont, à le bien voir. Elles grandissent dans le théâtre ainsi que dans une caserne, conviées à heures fixes aux exercices, sous la direction de professeurs d'esprit militaire. Leurs infractions sont punies d'amendes ; si leur insoumission est constante, c'est le ralentissement dans la conquête des galons. Elles n'avancent pas. L'ascension se fait hiérarchiquement, grade à grade, sans qu'on en puisse sauter un, fût-ce à pieds joints. On a son bâton de maréchal dans sa giberne, son titre d'étoile dans son tutu, mais on sera d'abord deuxième soldat, c'est-à-dire deuxième quadrille, et ainsi de suite, d'étape en étape si l'on est bien notée et qu'on brille à l'exercice. La carrière est lente et ne dépasse guère en vingt ans d'études et de travail assidu le galon de premier sujet qui vaut dans les six mille huit. Ce n'est pas le Pérou. Heureusement qu'il y a les Péruviens.

Cet encasernement imprime son caractère soldatesque à ces jeunes filles. Elles ont de l'enfant de troupe l'exubérance vite apaisée, l'espièglerie soumise aux ordres, la mutinerie que la plus légère punition jugule. Grandies en commun, assujetties aux mêmes difficultés corporelles, unités associées dans un ensemble immuable, partageant les mêmes locaux, camarades de loges, presque de chambrées, elles ont des habitudes de régiment jusqu'à, entre elles, pratiquer encore les brimades. Elles ont, méticuleuse, l'obéissance du grade et du pas qu'il confère, de la dignité qu'il implique d'inférieure à supérieure, exaspérées quand le public, peu au fait de ces usages, considère une danseuse sur sa réputation, parfois d'ailleurs fantaisiste et non d'après son classement officiel.

Mais attention, « Mademoiselle » a levé le doigt... La leçon se poursuit, mêlée d'exemples, d'aphorismes et de conseils. « Le rein, c'est la clef de la danse. » « Si on laisse aller les épaules, rien ne va! » Ou c'est un compliment. « Très joli, ton ballonné, mon chat. »

Les pauvres filles sont épuisées; la sueur perle sur le rose de la chair; les jeunes poitrines se soulèvent, palpitantes. Du plancher, une fine poussière tourbillonne, qu'on abat en arrosant ; ce soin incombe à chacune, à tour de rôle. Amusante silhouette d'une Flore de ballet mythologique, que cette jeune fille, en maillot et en robe de gaze, un arrosoir à la main !

« Laure, mon enfant, tu te trompes. » La leçon se poursuit, sans presque de trêve, ne tolérant ni conversation oiseuse, ni mauvaise attitude. Se peut-il qu'on oublie qu'on est déesse ? Les autres femmes se tiennent comme elles le veulent, c'est leur affaire. Leurs pieds ne sont pas instruits ; ceux-ci ont étudié l'art des rythmes. Le pied, c'est toute la danseuse ; c'est sur les pointes qu'elle se posera, et elle sera d'autant plus légère que la pointe sera plus fine. La méconnaissance de ce précepte provoque le courroux du professeur : « Cléo, pas si sec, tes temps de pointe, mon enfant ». La pointe, le pied, comme elle l'étudie, Mlle Théodore ! Comme elle l'observe ! Pythonisse du temple de Terpsichore, elle lit l'avenir dans les pieds ! Elle en tire des augures, et, en attendant, dirige sa méthode, selon qu'il est aigu et fuselé comme celui de Subra, ou robuste et nerveux comme celui de Mauri. Tous les chemins conduisent à Rome, au Capitole ; tous les pieds n'y mènent pas.

Ce supplice de la leçon n'a pas de fin. On recommencera demain et tous les jours ; on recommencera, qu'on soit petit sujet, grand sujet, qu'on soit étoile. Nathalie Fitz James avait imaginé une méthode de se tourner et de se casser tout à la fois. Elle se couchait à terre, chaque jour, le visage du côté du parquet, les jambes horizontalement étendues ; puis elle faisait monter sur elle sa femme de chambre, lui ordonnant de peser de tout son poids sur les reins. Avec le temps, elle arriva à porter sa mère et sa sœur ; elle en eût porté bien d'autres, mais la place manquait.

La danse est l'art de sans cesse corriger les défauts qu'on a ou qu'on aurait. Nulle artiste ne peut se croire affranchie de la leçon quotidienne. Aurait-elle cette prétention qu'elle descendrait des hauteurs où n'atteignent jamais les coryphées douées, mais trop vite lasses. Il faut, dans cette pratique, une austère et constante initiation. La danse ne souffre point de partage ; elle ne veut que des fidèles dont l'esprit et les forces ne se dépensent point ailleurs, ou tout au moins se dépensent peu. C'en est fait de la gloire, pour celles qui s'abandonnent à la douceur d'un luxe anticipé, qui boivent trop tôt le vin des perfides ivresses ; qui cèdent à l'entraînement des voluptés mondaines. Aux festins prolongés, les promesses de la ballerine adolescente s'effeuillent comme des roses dans du vin de Chypre. Celles-là qui se laissent aller à l'enivrement des nuits féeriques ne seront jamais, aux feux de l'apothéose, à cinquante mille francs l'an, et jusqu'à la quarantaine, Coppélia ou Giselle.

C'est le désespoir des maîtres de ballet, les Hansen ou les Vasquez, et des directeurs de l'Académie de danse : le feu sacré ne brûle plus sur l'autel de la moderne chorégraphie, faute de vestales pour l'entretenir. Serait-ce le crime de MM. les abonnés des trois jours, si avides de fruits verts, qu'ils ne leur laissent point le temps de mûrir ? Trop tôt sont cueillies les pêches de l'espalier de l'Opéra. Trop tôt, à la fatigue des exercices de la profession, s'en joint une autre qui procure une existence capitonnée, si souhaitée après les duretés de la prime adolescence. Les classes s'en ressentent qui ne font plus à leurs maîtres assez d'honneur et qui obligent l'École française à demander ses premiers sujets en Italie ou en Espagne.

On dit qu'elles s'en moquent un peu nos ballerines en espérance, parce qu'elles seront fêtées en d'autres fêtes et que la couronne des rois s'abaissera devant leurs bandeaux. Entre les heures d'exercice, suivies mollement, elles iront au Bois, avec les belles affranchies. Des serviteurs, non figurants, seront à leurs ordres en des palais qui ne seront ni de carton, ni de toile peinte. Elles partageront avec les femmes des princes et des banquiers. Elles seront adulées, courtisées, choyées. Et leur beauté, déshabillée à la scène par le costumier, s'habillera, le jour, chez la grande faiseuse.

Et elles seront pleinement satisfaites si, étoiles sans éclat, la gloire vraie ne leur est de rien, et s'il leur suffit de rester femmes, quand l'art s'ingénia à leur apprendre comment on devient fée!

TABLE

	Pages.
Avant-Propos	I
On Dansera	1
Le Bal officiel	18
Noces et Festins	37
Les Bals du 14 Juillet	63
Les Bals musettes	77
Les Bals masqués	91
Les Bals d'Artistes	115
Le Moulin de la Galette	139
Le Bal Bullier	157
Le Quadrille naturaliste	169
Le Jardin de Paris	197
La Danse a l'Opéra	207

ACHEVÉ D'IMPRIMER

Le 15 Mai 1898

PAR

CHAMEROT ET RENOUARD

Rue des Saints-Pères, 19

POUR

THÉOPHILE BELIN

Quai Voltaire, 29

PARIS

www.ingramcontent.com/pod-product-compliance
Lightning Source LLC
Chambersburg PA
CBHW070636170426
43200CB00010B/2045